JICENG GONGDIAN QIYE SHIYONG FALV WENDA

基层供电企业
实用法律问答

国网浙江省电力有限公司湖州供电公司　编

中国电力出版社
CHINA ELECTRIC POWER PRESS

内 容 提 要

为全面深化供电企业法制教育，提升全员法律意识，国网浙江省电力有限公司湖州供电公司编写《基层供电企业实用法律问答》一书。本书共六章，包括营销服务、电力设施保护、工程施工、招标活动、劳动关系及其他业务等方面内容。每个问答包括问题描述、法律解析及相关法律条文三个模块，合计 100 个问答。

本书可供基层供电企业工作人员学习使用。

图书在版编目（CIP）数据

基层供电企业实用法律问答 / 国网浙江省电力有限公司湖州供电公司编 . —北京：中国电力出版社，2019.1

ISBN 978-7-5198-2897-4

Ⅰ . ①基…　Ⅱ . ①国…　Ⅲ . ①电力工业—法规—中国—问题解答　Ⅳ . ①D922.292.5

中国版本图书馆 CIP 数据核字（2019）第 006010 号

出版发行：中国电力出版社
地　　址：北京市东城区北京站西街 19 号（邮政编码 100005）
网　　址：http ://www.cepp.sgcc.com.cn
责任编辑：肖　敏（010-63412363）
责任校对：王小鹏
装帧设计：赵姗姗
责任印制：石　雷

印　　刷：三河市万龙印装有限公司
版　　次：2019 年 3 月第一版
印　　次：2019 年 3 月北京第一次印刷
开　　本：787 毫米 ×1092 毫米　16 开本
印　　张：12.75
字　　数：237 千字
印　　数：0001—2000 册
定　　价：68.00 元

编委会

主　　编	王晓建	裘华东			
副主编	王　伟	蒋仁林			
编写人员	王函韵	王　宁	胡　杰	罗淑梅	沈鸿伟
	王　颖	顾胜权	钱　珺	姚建华	陆震定
	唐　敏	姚志平	谢天琪	沈　玮	朱　毅
	姚费锋	何建强	缪　琰	周天宇	刘　齐
	孟庆波	刘承飞	肖天桥	顾维昱	李　健
	狄　燕				

前　言 》》》

　　为深入学习党的十九大精神、贯彻落实"七五"普法规划，全面深化法治企业建设和法治宣传教育，提升法治力度，国网浙江省电力有限公司湖州供电公司经过广泛调研，编写《基层供电企业实用法律问答》。本书旨在健全基层供电企业法律风险防范机制，提升法律风险防范水平，增强全员法律意识，提高员工遵法、学法、守法和用法的能力，为经营管理工作提供坚强法治保障。

　　本书紧密结合国家有关法律法规和基层供电企业工作实际，着重围绕营销服务、电力设施保护、工程施工、招标活动、劳动关系及其他业务6个专题展开，对100个业务问题按照问题描述、法律解析、相关法律条文三个模块进行阐述，深入分析并提出相应的防范措施，具有较强的指导性、实践性和可操作性。本书可供基层供电企业工作人员学习使用。

　　在此谨向参与本书编写、研讨、审稿和业务指导的专家和有关单位致以诚挚的感谢！由于编者时间有限，书中难免有不妥之处，敬请读者批评指正。

编　者

2019.3

目 录 »

第六章　其他业务 ……………………………………………………… **168**

第一章

营 销 服 务

1 厂房的承租人是否可以用自己的名义申请用电？发生纠纷时，供电企业应如何处理？

问题描述 甲企业租用乙企业的厂房设备及变压器进行生产，为便于开具发票，双方同意由甲方的名义申请用电。之后发生纠纷，乙方收回出租房后，甲方拒绝配合办理变压器过户手续，乙方以所有权人名义要求过户，供电企业应如何处理？厂房及变压器的承租人是否可以用自己的名义申请用电？发生纠纷时应如何处理？

法律解析 甲乙双方是财产租赁合同关系，甲企业申请用电，与供电企业之间建立供用电合同关系。根据合同相对性原理，乙企业与供电企业不存在供用电合同关系。甲乙双方的财产租赁合同解除或终止后，甲企业根据《中华人民共和国合同法》的规定有义务向乙企业返还租赁财产。甲企业在财产租赁关系解除或终止后拒绝为乙企业办理用电更名过户手续，乙企业以所有权人的名义要求过户，供电企业原则上不介入甲乙之间的纠纷，应建议乙企业向人民法院提起民事诉讼以解决甲乙之间的纠纷。

如果甲乙之间的财产租赁合同纠纷已经由人民法院的生效判决确认解除或终止，且甲企业已履行租赁物的返还义务或经人民法院强制执行返还租赁物，乙企业要求办理更名过户的，是否可以由乙企业单方办理呢？通常认为，租赁合同关系与供用电合同关系是独立的法律关系。在非居民用电的情况下，甲乙之间的租赁合同关系解除或终止，但供用电合同并不当然解除或终止，甲企业在租赁合同解除或终止后，仍然可以搬迁继续从事经营活动，所以不能由乙企业单方办理更名过户手续。

那么，针对乙企业的用电需求该如何处理呢？类似情形的处理并无明确规定。出于降低供电企业法律风险的目的，我们倾向性认为，在甲乙之间的租赁合同已经解除或终止的情况下，租赁物已经返还给乙企业，表明甲企业已经不在原址用电，根据普遍服务原则，供电企业不宜拒绝乙企业的用电申请。此时，不应当按照更名过户办理，而应当按新装用电办理。对甲企业在原址的用电按照销户终止用电办理。具体操作上可作适当变通，要求乙企业提供生效判决和证明甲企业已经返还租赁物的材料，由乙企业出具书面承诺，保证提供材料的真实性，并承诺生效判决一旦被撤销，供电企业有权对乙企业进行销户，并为甲企业恢复用电。在为乙企业办理用电手续后，经过六个月，再根据《供电营业规则》第三十三条规定，对甲企业办理销户，终止其用电。

为了今后能够妥当处理类似事例，建议在供用电合同中修订相应条款，明确用电人系承租他人房地产作为经营场所的，在租赁合同解除或终止后，应当办理用电迁址或销户手续。用电人拒绝或怠于办理的，经营场所的出租人或经房地产权利人允许使用的人向供电人申请用电手续的，供电人可以对原用电人直接作销户处理。

相关法律条文

《供电营业规则》

第二十六条　用户迁址，须在五天前向供电企业提出申请。供电企业应按下列规定办理：

1. 原址按终止用电办理，供电企业予以销户。新址用电优先受理。

2. 迁移后的新址不在原供电点供电的，新址用电按新装用电办理。

3. 迁移后的新址在原供电点供电的，且新址用电容量不超过原址容量，新址用电不再收取供电贴费。新址用电引起的工程费用由用户负担。

4. 迁移后的新址仍在原供电点，但新址用电容量超过原址用电容量的，超过部分按增容办理。

5. 私自迁移用电地址而用电者，除按本规则第一百条第5项处理外，自迁新址不论是否引起供电点变动，一律按新装用电办理。

第三十三条　用户连续六个月不用电，也不申请办理暂停用电手续者，供电企业须以销户终止其用电。用户需再用电时，按新装用电办理。

2 供电企业抄表人员垫付的电费如何追回？

问题描述 抄表人员为用电户垫付了一个月电费，后向该用户催缴，用户不肯缴纳该笔电费。因该用户是将厂房出租给别人使用，租户因生产不景气已倒闭，用户就以该电费不是其使用为由拒绝缴纳该笔电费。请问抄表人员如何收回电费？

法律解析 用户应当根据《供用电合同》的约定缴纳电费，用户迟延缴纳电费的，供电企业可以依照《供用电合同》的约定及《供电营业规则》规定的条件和程序停止供电。

从法律关系角度分析，供电企业与用户之间是供用电合同关系，缴纳电费是用户的合同义务，即债务。在用户未履行交付电费的情况下，供电企业享有该笔电费债权。但当抄表人员垫付了电费，则发生该笔电费债务清偿消灭的法律后果。

那么，抄表人员垫付电费是一种什么性质的民事行为呢？抄表人员不是《供用电合同》的当事人，对供电企业不负有债务。抄表人员垫付的行为实际上是一种债务加入行为。由于用户没有要求抄表人员代为清偿，抄表人员与用户之间也不存在合同关系。抄表人员在垫付电费时，如果与供电企业达成债权转让协议的，可以用债权人的身份向用户行使债权；若抄表人员在垫付债权时没有与供电企业达成转让协议的，垫付后只能以无因管理或者不当得利为由向用户主张垫付的电费。

至于问题中提到用户以承租户欠费为由拒绝缴纳电费的辩解，作者认为用户与供电企业存在供用电合同关系，承租户与供电企业不存在供用电合同关系，基于合同相对性原理，《供用电合同》的电费债务人是用户，而非实际用电人的承租户。抄表人员是为用户垫付电费，而非为承租户垫付电费。抄表人员垫付电费后可以向用户主张权利。用户履行清偿义务后，可以依据租赁合同关系向承租户追偿。

相关法律条文

《中华人民共和国民法总则》

第一百一十八条 民事主体依法享有债权。

债权是因合同、侵权行为、无因管理、不当得利以及法律的其他规定，权利人请求特定义务人为或者不为一定行为的权利。

第一百二十一条 没有法定的或者约定的义务，为避免他人利益受损失而进行管理的人，有权请求受益人偿还由此支出的必要费用。

第一百二十二条　因他人没有法律根据，取得不当利益，受损失的人有权请求其返还不当利益。

《中华人民共和国合同法》

第七十九条　债权人可以将合同的权利全部或者部分转让给第三人，但有下列情形之一的除外：

（一）根据合同性质不得转让；

（二）按照当事人约定不得转让；

（三）依照法律规定不得转让。

第八十条　债权人转让权利的，应当通知债务人。未经通知，该转让对债务人不发生效力。

债权人转让权利的通知不得撤销，但经受让人同意的除外。

第一百七十六条　供用电合同是供电人向用电人供电，用电人支付电费的合同。

第一百八十二条　用电人应当按照国家有关规定和当事人的约定及时交付电费。用电人逾期不交付电费的，应当按照约定支付违约金。经催告用电人在合理期限内仍不交付电费和违约金的，供电人可以按照国家规定的程序中止供电。

3 催费过程中将催费通知单张贴在用户家门口或电表箱上，是否属于泄露用户个人隐私？

问题描述 催费过程中，经常有用户不在家的情况，为了让用户及时看到催费通知单，供电企业催费人员有时会将催费通知单张贴在用户家门口或电表箱处，用户认为该行为泄露其个人隐私，用户该主张有法律依据吗？

法律解析 在生活中，每个人都有不愿让他人知道的个人生活的秘密，这个秘密在法律上称为隐私，如个人的私生活、日记、生活习惯、通信秘密和身体缺陷等。自己的秘密不愿让他人知道，是自己的权利，这个权利就叫隐私权。《中华人民共和国民法总则》《中华人民共和国侵权责任法》确立了公民的隐私权。

那么，供电企业的催费通知单是否属于泄露公民个人隐私呢？尽管公民个人是十分不愿意将自己欠费的情况让别人知道的，但是，欠费不属于个人生活秘密，不属于隐私权的内容。供电企业与用户之间是供用电合同关系，双方因订立《供用电合同》成立了债权债务关系，通过一定的方式合理主张债权一般不认为构成对公民隐私权的侵害。

尽管如此，为进一步提升供电企业的服务水平，工作人员在催费工作中，可以采用电话、短信及其他更容易被客户理解和接受的方式，以免产生纠纷。

相关法律条文 ▶▶▶

《中华人民共和国民法总则》

第一百一十条　自然人享有生命权、身体权、健康权、姓名权、肖像权、名誉权、荣誉权、隐私权、婚姻自主权等权利。

法人、非法人组织享有名称权、名誉权、荣誉权等权利。

《中华人民共和国侵权责任法》

第二条　侵害民事权益，应当依照本法承担侵权责任。

本法所称民事权益，包括生命权、健康权、姓名权、名誉权、荣誉权、肖像权、隐私权、婚姻自主权、监护权、所有权、用益物权、担保物权、著作权、专利权、商标专用权、发现权、股权、继承权等人身、财产权益。

4 有承租人的厂房，拍卖后买受人可否单方办理用电过户和停电手续？

问题描述 2016年9月，D县人民法院按照Y区法院判决协助执行，依法对A公司房产和机器设备进行网络公开拍卖，拍卖公告中表明标的物有租赁和法院查封、抵押的情况。买受人B公司最终拍下该处房产和机器设备。

同年11月，B公司到供电营业厅申请暂停用电，当天，供电企业收到A公司通过物流快件送达的关于拍卖房产存在租赁关系和按时缴纳电费的情况说明及相应的租赁协议、法院拍卖标的调查情况表。

后承租企业带律师来到供电企业，表示"买卖不破租赁"，应继续向其供电，否则视为违法断电，承租方可以起诉供电方。而买受人B公司认为，产权已转移，供电企业应受理其暂停用电的正常业务。供电企业陷入两难境地，应如何处理？

法律解析 供电企业与用户之间是供用电合同关系，基于合同相对性原理，向供电企业办理停电手续的只能是《供用电合同》的用电人，即用户。如果A公司是《供用电合同》的用电人，其房产和机器设备被拍卖后，没有与买受人B公司共同到供电企业办理过户手续的，人民法院也没有向供电企业发出协助执行通知书的，那么供用电合同的相对方仍然是A公司，供电企业不能仅凭B公司的申请为其办理停电手续。

问题中提到，承租企业表示"买卖不破租赁，应继续向其供电，否则视为违法断电，承租方可以起诉供电方"。这里需要明确的是，租赁合同与供电企业无关，供电企业的权利义务受《供用电合同》调整，"买卖不破租赁"是解决出租人、承租人以及租赁物的受让人之间的关系，不是解决供用电合同关系的。如果《供用电合同》的用电人与第三人（房地产的受让人）办理用电过户手续的，则此后该第三人与供电企业建立供用电合同关系，该第三人申请停电的，承租人以"买卖不破租赁"为由要求继续供电，供电企业可以不予理会。

问题中提到，买受人B公司认为产权已转移，供电企业应受理其暂停用电的正常业务。因买受人B公司此时尚未办理用电过户手续，尚不是《供用电合同》的一方当事人，并不享有《供用电合同》的权利，其申请供电企业办理停电手续没有法律依据。

房产所有权人与承租人之间的纠纷，协商不成的，应当通过诉讼途径解决。供电企业不应介入房产所有权人与承租人之间的纠纷，以免带来不必要的法律风险。供电企业在处理此类事务中应当严格遵循合同相对性规则。

《中华人民共和国合同法》

第一百七十六条 供用电合同是供电人向用电人供电，用电人支付电费的合同。

第二百一十二条 租赁合同是出租人将租赁物交付承租人使用、收益，承租人支付租金的合同。

《中华人民共和国电力法》

第二十六条 供电营业区内的供电营业机构，对本营业区内的用户有按照国家规定供电的义务；不得违反国家规定对其营业区内申请用电的单位和个人拒绝供电。

申请新装用电、临时用电、增加用电容量、变更用电和终止用电，应当依照规定的程序办理手续。

供电企业应当在其营业场所公告用电的程序、制度和收费标准，并提供用户须知资料。

第二十九条 供电企业在发电、供电系统正常的情况下，应当连续向用户供电，不得中断。因供电设施检修、依法限电或者用户违法用电等原因，需要中断供电时，供电企业应当按照国家有关规定事先通知用户。

用户对供电企业中断供电有异议的，可以向电力管理部门投诉；受理投诉的电力管理部门应当依法处理。

5 如供电企业工作人员代收电费后存放在个人账户，供电企业查实后该如何处理？

问题描述 代收电费后未及时汇入电费账户，而是将资金放在了个人账户，且时间较长，查实后该如何处置？

法律解析 代收电费后存放个人账户的问题比较复杂，不能一概而论。代收电费人员应当执行供电企业的规章制度，及时将代收的电费解缴银行或供电企业财务部门。代收电费人员将收取的电费存入个人账户谋取利益的，可能触犯《中华人民共和国刑法》。

《中华人民共和国刑法》第二百七十二条规定："公司、企业或者其他单位的工作人员，利用职务上的便利，挪用本单位资金归个人使用或者借贷给他人，数额较大、超过三个月未还的，或者虽未超过三个月，但数额较大、进行营利活动的，或者进行非法活动的，处三年以下有期徒刑或者拘役；挪用本单位资金数额巨大的，或者数额较大不退还的，处三年以上十年以下有期徒刑。"代收电费人员是具有国家工作人员身份的供电企业职工的，将可能涉嫌挪用公款罪。

根据《浙江省高级人民法院关于部分罪名定罪量刑情节及数额标准的意见》（于2012年8月24日经浙江省高级人民法院审判委员会第2382次会议讨论通过）规定：挪用本单位资金，数额在3万元以上不满20万元的，属于"数额较大"。

据此，对于代收电费人员将代收的电费存入个人账户的行为，应当通过制定企业规章制度加以禁止。一经发现违反企业规章制度的行为，应当责令改正，并予以处分。对符合我国《中华人民共和国劳动合同法》第三十九条第（二）项的行为，可以解除与职工的劳动合同。对涉嫌犯罪的，应当追究刑事责任。

相关法律条文

《中华人民共和国刑法》

第九十三条 本法所称国家工作人员，是指国家机关中从事公务的人员。

国有公司、企业、事业单位、人民团体中从事公务的人员和国家机关、国有公司、企业、事业单位委派到非国有公司、企业、事业单位、社会团体从事公务的人员，以及其他依照法律从事公务的人员，以国家工作人员论。

第二百七十二条 公司、企业或者其他单位的工作人员，利用职务上的便利，挪用本单位资金归个人使用或者借贷给他人，数额较大、超过三个月未还的，或者虽未超过三个月，但数额较大、进行营利活动的，或者进行非法活动的，处三年以下有期徒刑或者拘役；挪用本单位资金数额巨大的，或者数额较大不退还的，处三年以上十年以下有期徒刑。

国有公司、企业或者其他国有单位中从事公务的人员和国有公司、企业或者其他国有单位委派到非国有公司、企业以及其他单位从事公务的人员有前款行为的，依照本法第三百八十四条的规定定罪处罚。

第三百八十四条：国家工作人员利用职务上的便利，挪用公款归个人使用，进行非法活动的，或者挪用公款数额较大、进行营利活动的，或者挪用公款数额较大、超过三个月未还的，是挪用公款罪，处五年以下有期徒刑或者拘役；情节严重的，处五年以上有期徒刑。挪用公款数额巨大不退还的，处十年以上有期徒刑或者无期徒刑。

6 用户称未收到停电通知而停电致损，如何理解供电企业的停电通知义务？

问题描述 有用户投诉因未收到停电通知，导致家用电器突然断电而损坏，要求赔偿。经核实，供电企业已提前将停电计划公布在报纸和电视等媒体上，也通知到街道办和村委，以上情况该如何处理？

法律解析 用户与供电企业是供用电合同关系，供电企业停止供电应当通知合同对方，这既是合同义务，也是法定义务，否则构成违约，因此造成用户损失的应当承担民事责任。《中华人民共和国合同法》第一百八十条规定："供电人因供电设施计划检修、临时检修、依法限电或者用电人违法用电等原因，需要中断供电时，应当按照国家有关规定事先通知用电人。未事先通知用电人中断供电，造成用电人损失的，应当承担损害赔偿责任。"该条规定对"通知"的形式未作规定，也就是说书面形式、口头形式和短信形式都是可以的，问题是需要固定已经将通知送达被通知人的证据。

停电计划公布在报纸和电视等媒体，或者通知到街道办和村委是否可以认定为履行了合同法上规定的通知义务呢？这就在于对《中华人民共和国合同法》第一百八十条以及《中华人民共和国电力法》第二十九条中的"通知"如何理解了。《电力供应与使用条例》第二十八条是将"通知"与"公告"看作两个不同的概念，用"或者"二字，由供电企业选择"通知"或者"进行公告"。我们认为应当通过体系解释的方式,将"公告"解释为一种通知方式，即《中华人民共和国合同法》第一百八十条、《中华人民共和国电力法》第二十九条中的"通知"是广义上的通知，《电力供应与使用条例》第二十八条中的"通知"是狭义的通知，是指公告以外的通知方式，因为《电力供应与使用条例》第二十九条的规定可以解释为《中华人民共和国合同法》第一百八十条、《中华人民共和国电力法》第二十九条中"应当按照国家有关规定"中的"国家有关规定"。据此，我们认为问题中供电企业发布停电计划的，应认定为已经履行了通知义务，不应当承担赔偿责任。但在实际工作中，建议采用多种方式进行通知，包括短信、电话、书面通知和公告等，以免引起不必要的损失和纠纷。

相关法律条文 ⚖ ⟩⟩⟩

《中华人民共和国合同法》

　　第一百八十条 供电人因供电设施计划检修、临时检修、依法限电或者用电人违法用电等原因，需要中断供电时，应当按照国家有关规定事先通知用电人。未事先通知用电人中断供电，造成用电人损失的，应当承担损害赔偿责任。

《中华人民共和国电力法》

第二十九条　供电企业在发电、供电系统正常的情况下，应当连续向用户供电，不得中断。因供电设施检修、依法限电或者用户违法用电等原因，需要中断供电时，供电企业应当按照国家有关规定事先通知用户。

用户对供电企业中断供电有异议的，可以向电力管理部门投诉；受理投诉的电力管理部门应当依法处理。

《电力供应与使用条例》

第二十八条　除本条例另有规定外，在发电、供电系统正常运行的情况下，供电企业应当连续向用户供电；因故需要停止供电时，应当按照下列要求事先通知用户或者进行公告：

（一）因供电设施计划检修需要停电时，供电企业应当提前7天通知用户或者进行公告；

（二）因供电设施临时检修需要停止供电时，供电企业应当提前24小时通知重要用户；

（三）因发电、供电系统发生故障需要停电、限电时，供电企业应当按照事先确定的限电序位进行停电或者限电。引起停电或者限电的原因消除后，供电企业应当尽快恢复供电。

《供电营业规则》

第六十八条　因故需要中止供电时，供电企业应按下列要求事先通知用户或进行公告：

1.因供电设施计划检修需要停电时，应提前七天通知用户或进行公告；

2.因供电设施临时检修需要停止供电时，应当提前24小时通知重要用户或进行公告；

3.发供电系统发生故障需要停电、限电或者计划限、停电时，供电企业应按确定的限电序位进行停电或限电。但限电序位应事前公告用户。

7 电费担保和电费保证金的区别是什么？

问题描述 为防范电费风险，某县供电企业于 2004 年 4 月推行电费担保制度。在推行过程中有部分用户认为这是电费保证金制度，不合规范应取消。2016 年，某县政府下发《关于组织开展我县涉企保证金清理规范工作的通知》，要求迅速开展自查清理，严格资金监管，完成清理规范工作。在此形势下，电费担保可以继续实施吗？电费担保与保证金有什么区别？

法律解析 电费保证金是指为了保证国家的电费收回，由用户存入供电企业账户作为电费债务的一种担保资金。1989 年 12 月，中华人民共和国能源部、财政部为了整顿电费回收秩序，保证国家电费按时收回，联合发出《关于实行电费、电度表保证金制度》（能源经〔1989〕561 号）的通知，确定了实行电费保证金制度及电费保证金的收取范围和数量。1999 年年底，国务院有关部门为纠正行业不正之风，减少企业负担，把电费保证金、电度表保证金列入取消范围。电费保证金是特定时期内采取的保证用户电费清偿的担保措施，具有一定行政强制性。

曾有部分地方的市场监督管理部门（工商行政机关）曾以供电企业收取电费保证金违反了《中华人民共和国反不正当竞争法》所禁止的限制竞争行为而予以行政处罚。

但是，政府所取消的仅仅是作为一种行政措施的强制保证金制度，体现的是行政权力不干预民事权利的基本法治原则。但对于当事人本应享有的民事权利，政府机关却无权强行取消，该取消行为使供用电双方关系回复到民事关系应有的状态。供电企业与用户之间是供用电合同关系。《中华人民共和国合同法》第六十八条赋予了合同先履行一方的不安抗辩权，其中就有提供担保的规定；《中华人民共和国担保法》规定了保证、抵押、质押、留置、定金五种担保方式。因此，从民事法律的角度看，合同双方经协议实行电费担保，并不违反法律规定。在电费担保中，供电企业主要通过保证担保、抵押担保和质押担保三种方式担保电费债权的实现。其中抵押担保要注意办理抵押登记。质押担保中可以考虑银行存单质押。

某县政府下发《关于组织开展我县涉企保证金清理规范工作的通知》，要求企业清理保证金，这里的保证金应当是没有法律依据直接向企业收取的款项，如上文讲到的电费保证金，但与《中华人民共和国担保法》中规定的五种担保类型是不同的。只要供电企业实行的电费担保制度符合《中华人民共和国担保法》的规定，就不属于该通知清理范围内。

《中华人民共和国民法通则》

第八十九条 依照法律的规定或者按照当事人的约定，可以采用下列方式担保债务的履行：

（一）保证人向债权人保证债务人履行债务，债务人不履行债务的，按照约定由保证人履行或者承担连带责任；保证人履行债务后，有权向债务人追偿。

（二）债务人或者第三人可以提供一定的财产作为抵押物。债务人不履行债务的，债权人有权依照法律的规定以抵押物折价或者以变卖抵押物的价款优先得到偿还。

（三）当事人一方在法律规定的范围内可以向对方给付定金。债务人履行债务后，定金应当抵作价款或者收回。给付定金的一方不履行债务的，无权要求返还定金；接受定金的一方不履行债务的，应当双倍返还定金。

（四）按照合同约定一方占有对方的财产，对方不按照合同给付应付款项超过约定期限的，占有人有权留置该财产，依照法律的规定以留置财产折价或者以变卖该财产的价款优先得到偿还。

《中华人民共和国担保法》

第二条 在借贷、买卖、货物运输、加工承揽等经济活动中，债权人需要以担保方式保障其债权实现的，可以依照本法规定设定担保。

本法规定的担保方式为保证、抵押、质押、留置和定金。

8 二手房交易后，现房屋产权人可否凭不动产权证直接申请办理用电过户手续？

问题描述 二手房交易成功后，原房屋产权人不到场或其他不配合的情况下，现产权人要求凭不动产权证直接申请办理用电过户手续，应如何处置？

法律解析 二手房买卖，办理用电过户手续是房屋买卖合同项下买卖双方的义务。卖方不履行协助用电过户的义务，买方有权向人民法院提起诉讼，请求卖方履行该合同义务。人民法院判决卖方履行用电过户义务，卖方拒不履行的，买方可以向人民法院申请强制执行。供电企业可以根据人民法院送达的执行裁定和协助执行通知书办理过户手续。

但是，实践中买方往往不愿意通过诉讼途径来解决买卖双方的用电过户纠纷，而向供电企业申请办理过户手续，此时便产生了供电企业是否可以根据买方的申请，凭不动产权证办理用电过户手续的问题。由于现行规定不明确，给供电企业的过户工作带来了困扰。

从法理上分析，供电企业与二手房的卖方建立了供用电合同关系，在供用电合同没有解除和终止的情况下，该《供用电合同》对合同双方均有约束力。卖方将房屋转让给买方，可以理解为其将卖方与供电企业签订的《供用电合同》权利义务概括转让给买方。根据合同转让概括原理，应征得《供用电合同》对方当事人的同意，故《供用电合同》概括转让是需要征得供电企业同意的。供电企业接受二手房的买方申请并予办理过户手续，可以视为供电企业对《供用电合同》概括转让的同意。依此角度，二手房的买方凭取得的不动产权证办理过户手续，供电企业予以办理是可以的。但是，出于法律风险防范，单方申请过户只能作为一种例外情形处理，原则上要求二手房买卖双方共同到供电企业营业窗口办理用电过户手续。

需要指出的是，在接受二手房的买方申请过户时，应当要求二手房的买方结清卖方拖欠的电费。慎重起见，应当要求二手房的买方向供电企业提交《房屋买卖合同》，审查双方对用电过户是否存在特别约定。

相关法律条文

《中华人民共和国合同法》

第七十九条　债权人可以将合同的权利全部或者部分转让给第三人，但有下列情形之一的除外：

（一）根据合同性质不得转让；

（二）按照当事人约定不得转让；

（三）依照法律规定不得转让。

第八十一条　债权人转让权利的，受让人取得与债权有关的从权利，但该从权利专属于债权人自身的除外。

第八十二条　债务人接到债权转让通知后，债务人对让与人的抗辩，可以向受让人主张。

第八十三条　债务人接到债权转让通知时，债务人对让与人享有债权，并且债务人的债权先于转让的债权到期或者同时到期的，债务人可以向受让人主张抵销。

第八十五条　债务人转移义务的，新债务人可以主张原债务人对债权人的抗辩。

第八十六条　债务人转移义务的，新债务人应当承担与主债务有关的从债务，但该从债务专属于原债务人自身的除外。

第八十七条　法律、行政法规规定转让权利或者转移义务应当办理批准、登记等手续的，依照其规定。

第八十八条　当事人一方经对方同意，可以将自己在合同中的权利和义务一并转让给第三人。

第八十九条　权利和义务一并转让的，适用本法第七十九条、第八十一条至第八十三条、第八十五条至第八十七条的规定。

《供用电营业规则》

第二十九条　用户更名或过户（依法变更用户名称或居民用户房屋变更户主），应持有关证明向供电企业提出申请。供电企业应按下列规定办理：

1. 在用电地址、用电容量、用电类别不变条件下，允许办理更名或过户；

2. 原用户应与供电企业结清债务，才能解除原供用电关系；

3. 不申请办理过户手续而私自过户者，新用户应承担原用户所负债务。经供电企业检查发现用户私自过户时，供电企业应通知该户补办手续，必要时可中止供电。

9 房屋产权人与承租人发生经济纠纷，房屋产权人要求予以停电的，供电企业应如何处理？

问题描述 房屋产权人与承租人发生经济纠纷无法调和，房屋产权人想通过停电方式将承租人赶走，因此到供电营业厅对自己的物业申请停电，供电企业应如何处理？

法律解析 房屋产权人将房屋出租给他人使用，与承租人之间成立的是租赁合同关系。房屋所有权人作为用户与供电企业之间建立的是供用电合同关系。基于合同相对性原理，供电企业与承租人之间不发生法律关系。

实务中，房屋产权人与承租人之间发生纠纷后，房屋产权人为了达到让承租人尽快腾退房屋的目的，往往会采取停止供电、供水和供气等措施。由于停止供电会造成承租人无法正常生活，承租人会不断与供电企业交涉要求继续供电，甚至会引发投诉和诉讼。

在处理此类事情时，供电企业应坚持合同相对性规则，不介入用户与他人之间的纠纷。严格审查办理暂停用电手续的是否是用户，申请办理暂停用电是否符合法定或约定的条件。对承租人沟通时，应当告知其与房屋产权人通过协商、调解或诉讼等途径解决问题。

需要注意的是，当房屋产权人将房屋出租给他人使用，办理申请用电手续的主体是承租人时，房屋产权人要求供电企业办理停止用电手续的，应当不予受理。因为，此时供用电合同关系是承租人与供电企业之间建立的，而非与房屋产权人之间建立的。此时，应当建议房屋产权人通过与承租人协商、调解，或诉讼等途径解决他们之间的财产租赁纠纷。

相关法律条文

《中华人民共和国合同法》

第一百七十六条　供用电合同是供电人向用电人供电，用电人支付电费的合同。

第二百一十二条　租赁合同是出租人将租赁物交付承租人使用、收益，承租人支付租金的合同。

《中华人民共和国电力法》

第二十六条　供电营业区内的供电营业机构，对本营业区内的用户有按照国家规定供电的义务；不得违反国家规定对其营业区内申请用电的单位和个人拒绝供电。

申请新装用电、临时用电、增加用电容量、变更用电和终止用电，应当依照规定的程序办理手续。

供电企业应当在其营业场所公告用电的程序、制度和收费标准，并提供用户须知资料。

第二十七条　电力供应与使用双方应当根据平等自愿、协商一致的原则，按照国务院制定的电力供应与使用办法签订供用电合同，确定双方的权利和义务。

《电力供应与使用条例》

第三十二条　供电企业和用户应当在供电前根据用户需要和供电企业的供电能力签订供用电合同。

第三十五条　供用电合同的变更或者解除，应当依照有关法律、行政法规和本条例的规定办理。

《供电营业规则》

第二十二条　有下列情况之一者，为变更用电。用户需变更用电时，应事先提出申请，并携带有关证明文件，到供电企业用电营业场所办理手续，变更供用电合同：

1. 减少合同约定的用电容量（简称减容）；

2. 暂时停止全部或部分受电设备的用电（简称暂停）；

3. 临时更换大容量变压器（简称暂换）；

4. 迁移受电装置用电地址（简称迁址）；

5. 移动用电计量装置安装位置（简称移表）；

6. 暂时停止用电并拆表（简称暂拆）；

7. 改变用户的名称（简称更名或过户）；

8. 一户分列为两户及以上的用户（简称分户）；

9. 两户及以上用户合并为一户（简称并户）；

10. 合同到期终止用电（简称销户）；

11. 改变供电电压等级（简称改压）；

12. 改变用电类别（简称改类）。

第二十四条　用户暂停，须在五天前向供电企业提出申请。供电企业应按下列规定办理：

1. 用户在每一日历年内，可申请全部（含不通过受电变压器的高压电动机）或部分用电容量的暂时停止用电两次，每次不得少于十五天，一年累计暂停时间不得超过六个月。季节性用电或国家另有规定的用户，累计暂停时间可以另议。

2. 按变压器容量计收基本电费的用户，暂停用电必须是整台或整组变压器停止运行。供电企业在受理暂停申请后，根据用户申请暂停的日期对暂停设备加封。从加封之日起，按原计费方式减收其相应容量的基本电费。

3. 暂停期满或每一日历年内累计暂停用电时间超过六个月者，不论用户是否申请恢复用电，供电企业须从期满之日起，按合同约定的容量计收其基本电费。

4. 在暂停期限内，用户申请恢复暂停用电容量用电时，须在预定恢复日前五天向供电企业提出申请。暂停时间少于十五天者，暂停期间基本电费照收。

5. 按最大需量计收基本电费的用户，申请暂停用电必须是全部容量（含不通过受电变压器的高压电动机）的暂停，并遵守本条 1 ~ 4 项的有关规定。

10 高压专变用户拆迁销户时，发现供电企业计量装置遗失或被错误变卖的，供电企业如何追回电费？

问题描述 某高压专变用户被拆迁销户，拆迁方接收厂房后，将全套配电设备连同计量装置变卖处理。计量装置中的电能表止度是用户电费结算的依据，若无法追回供电企业计量装置，电费如何追回？如何要求用户赔偿损失？

法律解析 用户使用的电力和电量，以计量检定机构依法认可的用电计量装置的记录为准。即供电企业向用户收取电费时以电能表示度为依据。拆迁方在对用户进行拆迁时应当保护好产权属于供电企业的用电计量装置。拆迁方接收厂房后，将全套配电设备连同计量装置变卖处理的行为是没有法律依据的，侵害了供电企业的财产权，供电企业有权追回用电计量装置。

用电计量装置变卖处理后可能毁损而无法追回，此时供电企业如何追回电费？从民事证据规则角度，供电企业请求用户支付电费，必须有明确的请求，即电费金额，同时应当对电费的金额承担举证责任，否则应承担举证不能的法律后果。上述问题中，用电计量装置不能追回导致无法提供计量示数是拆迁方行为所致，而非供电企业的原因和过错所致。《电力供应和使用条例》第二十六条第二款规定："安装在用户处的用电计量装置，由用户负责保护。"根据该规定，用户有义务保护好用电计量装置。由于用户未履行该保护义务，致使用电计量装置被拆迁方变卖处理，实际上既违反了法定的保护义务，也违反了《供用电合同》义务。因用户的原因造成电能无法计量而不能提供证据的，不应简单地对供电企业的电费主张不予支持，可利用司法鉴定及评估等手段，综合考虑历年同期用电量等方法确定电费金额，以维护供电企业的合法权益。

相关法律条文

《电力供应与使用条例》

第二十六条　用户应当安装用电计量装置。用户使用的电力、电量，以计量检定机构依法认可的用电计量装置的记录为准。用电计量装置，应当安装在供电设施与受电设施的产权分界处。

安装在用户处的用电计量装置，由用户负责保护。

第二十七条　供电企业应当按照国家核准的电价和用电计量装置的记录，向用户计收电费。

用户应当按照国家批准的电价，并按照规定的期限、方式或者合同约定的办法，交付电费。

11 供电企业可以对外提供用户的用电信息吗？

问题描述 劳动保障监察部门为了加强对企业欠薪的掌握，及时发现企业生产经营的异常，要求供电企业每月提供电量异常或者欠费企业的名单。供电企业可以对外提供用户的用电信息吗？

法律解析 《浙江省劳动保障监察条例》第三十三条规定："各级人民政府及其有关部门应当建立健全劳动保障方面的预警机制。"劳动保障监察部门要求供电企业每月提供电量异常或者欠费企业的名单，其目的是为了实现企业欠薪预警监测。

供电企业是否可以向劳动保障监察部门提供用户的上述用电信息？首先需要明确用户的用电信息是否属于商业秘密。根据《中华人民共和国反不正当竞争法》第九条第三款："本法所称的商业秘密，是指不为公众所知悉、具有商业价值并经权利人采取相应保密措施的技术信息和经营信息。"国家工商总局《关于禁止侵犯商业秘密行为的若干规定》第二条规定，用户电量异常或欠费信息不属于商业秘密。据此，供电企业根据劳动保障监察部门的要求，向其提供用户电量异常和欠费信息并不违反法律和行政法规的规定，不构成对用户的侵权。但是，供电企业内部规章制度对此一般都有明确规定。在对外提供相关信息时，应遵循相关法律法规和内部规章制度的要求，如履行一定审批手续，并确保信息的披露控制在必要的、合适的范围内。

此外，如果供电企业和用户之间订立的《供用电合同》中没有约定对电量异常和欠费信息不得对外披露的约定条款，则供电企业根据劳动保障监察部门的要求，向其提供用户电量异常和欠费信息不构成对用户的违约。

相关法律条文

《中华人民共和国反不正当竞争法》

第九条 经营者不得实施下列侵犯商业秘密的行为：

（一）以盗窃、贿赂、欺诈、胁迫或者其他不正当手段获取权利人的商业秘密；

（二）披露、使用或者允许他人使用以前项手段获取的权利人的商业秘密；

（三）违反约定或者违反权利人有关保守商业秘密的要求，披露、使用或者允许他人使用其所掌握的商业秘密。

第三人明知或者应知商业秘密权利人的员工、前员工或者其他单位、个人实施前款所列违法行为，仍获取、披露、使用或者允许他人使用该商业秘密的，视为侵犯商业秘密。

本法所称的商业秘密，是指不为公众所知悉、具有商业价值并经权利人采取相应保密措施的技术信息和经营信息。

国家工商总局《关于禁止侵犯商业秘密行为的若干规定》

第二条　本规定所称商业秘密，是指不为公众所知悉、能为权利人带来经济利益、具有实用性并经权利人采取保密措施的技术信息和经营信息。

本规定所称不为公众所知悉，是指该信息是不能从公开渠道直接获取的。

本规定所称能为权利人带来经济利益、具有实用性，是指该信息具有确定的可应用性，能为权利人带来现实的或者潜在经济利益或者竞争优势。

本规定所称权利人采取保密措施，包括订立保密协议，建立保密制度及采取其他合理的保密措施。

本规定所称技术信息和经营信息，包括设计、程序、产品配方、制作工艺、制作方法、管理诀窍、客户名单、货源情报、产销策略、招投标中的标底及标书内容等信息。

本规定所称权利人，是指依法对商业秘密享有所有权或者使用权的公民、法人或者其他组织。

《浙江省劳动保障监察条例》

第三十三条　各级人民政府及其有关部门应当建立健全劳动保障方面的预警机制。

对劳动保障方面的群体性突发事件，劳动保障行政部门应当会同有关部门立即调查处理，并按应急处置预案及时报告同级人民政府和上一级劳动保障行政部门。

各级人民政府可以安排必要的资金，用于劳动保障方面的突发性群体事件的应急保障。

12 用户发生合并、分立等情况，供电企业如何开具发票？

问题描述 企业对外承接电力工程，用户发生合并的情况，相关后续工程款项结算开票是否可以开给新成立的公司？如果是分立，如何开具相关发票？

法律解析 企业合并是指两个或两个以上的企业依照规定的条件和程序，通过订立合并协议，共同组成一个企业法人的法律行为。企业的合并有吸收合并和新设合并两种形式。吸收合并又称存续合并，它是指通过将一个或一个以上的企业法人并入另一个企业法人的方式而进行企业合并的一种法律行为。并入的企业解散，其法人资格消失。接受合并的企业法人继续存在，并办理变更登记手续。新设合并是指两个或两个以上的企业以消灭各自的法人资格为前提而合并组成一个新的企业法人的法律行为。其合并结果，原有企业的法人资格均告消灭。新组建企业办理设立登记手续取得法人资格。

企业分立，指一个企业依照有关法律、法规的规定，分立为两个或两个以上的企业的法律行为。企业分立有新设分立和派生分立两种。新设分立，又称解散分立，指一个企业将其全部财产分割，解散原企业，并分别归入两个或两个以上新企业中的行为。派生分立，又称存续分立，是指一个企业将一部分财产或营业依法分出，成立两个或两个以上企业法人的行为。在存续分立中，原企业继续存在，原企业的债权债务可由原企业与新企业分别承担，也可按协议由原企业独立承担。新企业取得法人资格，原企业也继续保留法人资格。

《中华人民共和国民法通则》第四十四条第二款规定："企业法人分立、合并，它的权利和义务由变更后的法人享有和承担。"《中华人民共和国民法总则》第六十七条第一款规定："法人合并的，其权利和义务由合并后的法人享有和承担。"《中华人民共和国公司法》第一百七十四条规定："公司合并时，合并各方的债权、债务，应当由合并后存续的公司或者新设的公司承继。"由于企业合并，无论是吸收合并还是新设合并，相关后续工程款项结算开票应开给新成立的公司。

对于企业分立，《中华人民共和国民法总则》第六十七条第二款规定："法人分立的，其权利和义务由分立后的法人享有连带债权，承担连带债务，但是债权人和债务人另有约定的除外。"《中华人民共和国公司法》第一百七十六条规定："公司分立前的债务由分立后的公司承担连带责任。但是，公司在分立前与债权人就债务清偿达成的书面协议另有约定的除外。"据此，公司在分立前没有与债权人就债务清偿达成书面协议进行约定的，债权人可以要求分立后的企业承担连带责任，可以向任何一家分立后的企业要求开票结算，也可以根据实际付款情况分别向分立后的企业开票。

《中华人民共和国民法通则》

第四十四条　企业法人分立、合并上或有其他重要事项变更，应当向登记机关办理登记并公告。

企业法人分立、合并，它的权利和义务由变更后的法人享有和承担。

《中华人民共和国民法总则》

第六十七条　法人合并的，其权利和义务由合并后的法人享有和承担。

法人分立的，其权利和义务由分立后的法人享有连带债权，承担连带债务，但是债权人和债务人另有约定的除外。

《中华人民共和国公司法》

第一百七十四条　公司合并时，合并各方的债权、债务，应当由合并后存续的公司或者新设的公司承继。

第一百七十六条　公司分立前的债务由分立后的公司承担连带责任。但是，公司在分立前与债权人就债务清偿达成的书面协议另有约定的除外。

13 律师是否可以向供电企业调取用户的用电资料？

问题描述 日常工作中，会有律师来供电企业调取某用户的用电资料作为案件证据，供电企业如何处理？律师是否可以向供电企业调取用户的用电资料？

法律解析 一般而言，律师在办理案件过程中，凭律师事务所证明和律师执业证，可以向供电企业调查收集用户的用电资料。但是供电企业在接待律师调查收集证据时应当向律师了解调查收集证据的目的。当律师调查收集证据的目的是为了处理与供电企业之间的纠纷时，要保持适当的谨慎。因为，此时供电企业处于当事人的地位，根据谁主张谁举证的原则，应当由对方当事人承担举证责任时，可以对律师调查收集证据的要求予以拒绝。当律师调查收集证据的目的与供电企业没有利害关系时，可以考虑配合协助律师调查收集证据，但要遵守企业相关制度的规定。

当律师调查收集的证据可能对供电企业存在潜在的法律风险时，民事案件中可以要求律师向人民法院申请调查令，凭人民法院签发的调查令提供相关证据材料。对于涉及刑事案件的，如果供电企业不是涉案的受害人，可以向律师提供用户的相关用电资料；如果供电企业是涉案的受害人，供电企业在接待律师调查取证时，应当保持一定的谨慎，需要审查该调查取证行为是否已经取得人民检察院或人民法院的许可。必要时可以建议前来调查收集证据的律师向人民检察院或人民法院申请收集调查证据。

相关法律条文 ➤➤

《中华人民共和国律师法》

第三十五条 受委托的律师根据案情的需要，可以申请人民检察院、人民法院收集、调取证据或者申请人民法院通知证人出庭作证。

律师自行调查取证的，凭律师执业证书和律师事务所证明，可以向有关单位或者个人调查与承办法律事务有关的情况。

《中华人民共和国刑事诉讼法》

第四十一条 辩护律师经证人或者其他有关单位和个人同意，可以向他们收集与本案有关的材料，也可以申请人民检察院、人民法院收集、调取证据，或者申请人民法院通知证人出庭作证。

辩护律师经人民检察院或者人民法院许可，并且经被害人或者其近亲属、被害人提供的证人同意，可以向他们收集与本案有关的材料。

14 小区三相四线制供电的居民用户，中性线回路断线，造成居民用户家用电器损坏的，应由谁承担损失？

问题描述 小区三相四线制供电的居民用户，电能表箱内三相四线空气开关中性线端子接触不良或者是空气开关内部中性线回路断线，造成用户家用电器损坏，应由谁承担损失？

法律解析 小区居民与供电企业是供用电合同关系，供电企业应当保证供电质量。《中华人民共和国电力法》第二十八条第一款规定："供电企业应当保证供给用户的供电质量符合国家标准。对公用供电设施引起的供电质量问题，应当及时处理。"电力设备故障导致用户家用电器损坏，首先要判断该电力设备的产权归属。《供电营业规则》第四十七条规定："供电设施的运行维护管理范围，按产权归属确定。"《供电营业规则》第五十一条规定："在供电设施上发生事故引起的法律责任，按供电设施产权归属确定。产权归属于谁，谁就承担其拥有的供电设施上发生事故引起的法律责任。"故，一般而言该类电力运行事故造成用户家用电器损坏的，应当由产权人承担损失，产权属于居民用电人的，损害后果由居民用电人自行承担。

需要注意的是，即使电力设备产权人不是供电企业，但基于委托关系而由供电企业代维护，维护管理义务人未尽维护管理义务的，维护管理义务人应当对用户家用电器的损坏承担赔偿责任。

当然，无论是房产公司安装还是供电企业安装，如果上述电力设备超过规定或约定的保质期的，产权人或维护管理人未尽维护管理义务造成损害后果的，应由产权人或维护管理人承担民事责任。

相关法律条文 ▶▶

《中华人民共和国电力法》

第五十九条 供电企业或者用户违反供用电合同，给对方造成损失的，应当依法承担赔偿责任。

供电企业违反本法第二十八条、第二十九条 第一款的规定，未保证供电质量或者未事先通知用户中断供电，给用户造成损失的，应当依法承担赔偿责任。

第六十条 因电力运行事故给用户或者第三人造成损害的，供电企业应当依法承担赔偿责任。

电力运行事故由下列原因之一造成的，供电企业不承担赔偿责任：

（一）不可抗力；

（二）用户自身的过错。

因用户或者第三人的过错给供电企业或者其他用户造成损害的，该用户或者第三人应当依法承担赔偿责任。

《供电营业规则》

第四十七条　供电设施的运行维护管理范围，按产权归属确定。

第五十一条　在供电设施上发生事故引起的法律责任，按供电设施产权归属确定。产权归属于谁，谁就承担其拥有的供电设施上发生事故引起的法律责任。

15 《供用电合同》约定"到期双方如无异议，本合同继续有效"的法律效力如何？

问题描述 在《供用电合同》签订及后续履行过程中，基于管理惯性影响等因素，特别是具体业务经办人，由于用户数量巨大，为了减少《供用电合同》到期后重签的工作压力，仍一定程度的存在约定"到期双方如无异议，本合同继续有效"的情况，如合同期限届满后，未继续签订相关合同，供电企业仍继续供电，用户仍然继续用电，这样是否存在法律风险？

法律解析 《电力供应与使用条例》第三十二条、《供电营业规则》第九十二条都规定供电企业和用户应当在供电前签订《供用电合同》。根据《电力供应和使用条例》第三十三条的规定，合同的有效期限是《供用电合同》的主要条款。换而言之，《供用电合同》到期后如不续签的，《供用电合同》终止；到期后如需继续供用电的，供电企业与用户应当续签《供用电合同》。

实践中，因为用户众多，供电企业工作人员为了减少《供用电合同》到期后续签的压力，在《供用电合同》中约定"到期双方如无异议，本合同继续有效"的条款。这类条款可以解释为"合同到期顺延条款"。从法律角度，"合同到期顺延条款"属于当事人意思自治范畴，不违反法律及行政法规禁止性规定。"合同到期顺延条款"可以避免重复劳动，节省合同到期后续签的工作量，也可以防止合同到期后遗忘续签，导致供用电双方权利义务不明而发生争议。

但是，"合同到期顺延条款"的表述应规范。"合同到期顺延条款"应当明确顺延的合同期限以及顺延的次数。可以表述为："合同到期前一个月，双方未提出异议的，本合同到期后顺延一年，顺延次数为一次。"也可以表述为："合同到期前一个月，双方未提出的异议的，本合同到期后顺延 n 年，顺延次数不限。"

相关法律条文

《电力供应与使用条例》

第三十二条 供电企业和用户应当在供电前根据用户需要和供电企业的供电能力签订供用电合同。

第三十三条 供用电合同应当具备以下条款：

（一）供电方式、供电质量和供电时间；

（二）用电容量和用电地址、用电性质；

（三）计量方式和电价、电费结算方式；

（四）供用电设施维护责任的划分；

（五）合同的有效期限；

（六）违约责任；

（七）双方共同认为应当约定的其他条款。

16 在未签订《供用电合同》的情况下，供电企业是否可以对新装用户供电？

问题描述 某公司申请临时用电，验收时用户要求将《供用电合同》带回公司签字盖章，并于一个月后将《供用电合同》送回，期间用户多次催着要求送电。在未签订《供用电合同》的情况下，供电企业是否可以供电？

法律解析 《中华人民共和国合同法》第三十二条规定："当事人采用合同书形式订立合同的，自双方当事人签字或者盖章时合同成立。"第四十四条第一款规定："依法成立的合同，自成立时生效"。根据《中华人民共和国合同法》第十章的规定，供电企业与用户之间是供用电合同关系。故合同成立并生效后，作为供电方的供电企业才向合同对方负有供电义务。

除了《中华人民共和国合同法》的上述规定外，《电力供应与使用条例》《供电营业规则》均规定供电企业和用户应当在供电前根据用户需要和供电企业的供电能力签订《供用电合同》。所以，供电企业在《供用电合同》订立之前可以拒绝供电。

当然，有些企业订立合同需要走内部流程，不能及时签署合同，就会出现上述问题中的情况。此时，供电企业如为方便用户予以先行供电的，应当让对方书面做出先行供电的意思表示，签收《供用电合同》文本并承诺在一定期间将签字盖章后的《供用电合同》文本返还给供电企业。《中华人民共和国合同法》第三十七条规定："采用合同书形式订立合同，在签字或者盖章之前，当事人一方已经履行主要义务，对方接受的，该合同成立。"如合同书签字或者盖章之前，企业要求先行供电的，供电企业予以先行供电，也可以认定为双方的《供用电合同》成立。但如此操作不符合电力法律规范，存在一定的法律风险。

相关法律条文 ▶▶▶

《电力供应与使用条例》

第三十二条 供电企业和用户应当在供电前根据用户需要和供电企业的供电能力签订供用电合同。

《供电营业规则》

第九十二条 供电企业和用户应当在正式供电前，根据用户用电需求和供电企业的供电能力以及办理用电申请时双方已认可或协商一致的下列文件，签订供用电合同：

1. 用户的用电申请报告或用电申请书；

2. 新建项目立项前双方签订的供电意向性协议；

3. 供电企业批复的供电方案；

4. 用户受电装置施工竣工检验报告；

5. 用电计量装置安装完工报告；

6. 供电设施运行维护管理协议；

7. 其他双方事先约定的有关文件。

对用电量大的用户或供电有特殊要求的用户，在签订供用电合同时，可单独签订电费结算协议和电力调度协议等。

第九十三条　供用电合同应采用书面形式。经双方协商同意的有关修改合同的文书、电报、电传和图表也是合同的组成部分。

供用电合同书面形式可分为标准格式和非标准格式两类。标准格式合同适用于供电方式简单、一般性用电需求的用户；非标准格式合同适用于供用电方式特殊的用户。

省电网经营企业可根据用电类别、用电容量、电压等级的不同，分类制定出适应不同类型用户需要的标准格式的供用电合同。

17 第三人可否凭法院的判决书替用户办理销户手续?

问题描述 某合同纠纷案的原告——某经济技术开发区管理委员会(简称开发区管委会)员工到供电企业营业厅,要求根据法院的民事判决书及由该开发区管委会出具的情况说明,替被告某公司办理用电销户手续,供电企业应如何处理?

法律解析 根据诉的理论,诉可分为确认之诉、形成之诉和给付之诉,相对应的判决也有确认判决、形成判决和给付判决之分。问题中提到原告某开发区管委会员工持民事判决书及由开发区管委会出具的情况说明,替被告某公司办理销户手续。基本可以判断原被告之间因履行合同发生纠纷,即使人民法院判决被告在一定期限内配合原告履行一定的行为义务,该判决也属于给付判决。被告应当履行给付判决,拒不履行的,原告可以申请人民法院强制执行,因给付判决不直接发生物权变动效力,供电企业不应直接依据一方当事人的申请予以办理相关手续。

实务中,一些当事人直接持人民法院的判决前来办理供用电相关变更或销户手续,供电企业应当告知当事人共同前来办理相关手续,而不宜直接进行办理。原因如下:①供电企业难以判断该民事裁判文书是否已经生效;②供电企业难以识别民事裁判文书主文的内容及其含义;③即使是生效裁判文书还有通过审判监督程序纠正的可能。供电企业与用户是供用电合同关系,如果凭供用电合同关系以外的当事人的单方申请直接予以办理相关手续,一旦出现法律风险,使供电企业的处境将十分被动。

一方当事人单方前来办理的,大多数情况下是另一方当事人不配合所致,也就是说另一方当事人不履行生效裁判文书确定的义务,此时供电企业可以建议当事人申请人民法院强制执行。供电企业收到人民法院的执行裁定书和协助执行通知书后,应根据执行裁定书和协助执行通知书的内容予以办理相关手续。

相关法律条文

《中华人民共和国民事诉讼法》

第二百三十六条 发生法律效力的民事判决、裁定,当事人必须履行。一方拒绝履行的,对方当事人可以向人民法院申请执行,也可以由审判员移送执行员执行。

调解书和其他应当由人民法院执行的法律文书,当事人必须履行。一方拒绝履行的,对方当事人可以向人民法院申请执行。

第二百五十条　　强制迁出房屋或者强制退出土地，由院长签发公告，责令被执行人在指定期间履行。被执行人逾期不履行的，由执行员强制执行。

强制执行时，被执行人是公民的，应当通知被执行人或者他的成年家属到场；被执行人是法人或者其他组织的，应当通知其法定代表人或者主要负责人到场。拒不到场的，不影响执行。被执行人是公民的，其工作单位或者房屋、土地所在地的基层组织应当派人参加。执行员应当将强制执行情况记入笔录，由在场人签名或者盖章。

强制迁出房屋被搬出的财物，由人民法院派人运至指定处所，交给被执行人。被执行人是公民的，也可以交给他的成年家属。因拒绝接收而造成的损失，由被执行人承担。

第二百五十一条　　在执行中，需要办理有关财产权证照转移手续的，人民法院可以向有关单位发出协助执行通知书，有关单位必须办理。

第二百五十二条　　对判决、裁定和其他法律文书指定的行为，被执行人未按执行通知履行的，人民法院可以强制执行或者委托有关单位或者其他人完成，费用由被执行人承担。

18 用户投诉要求移走电力设备，供电企业应如何处理？

问题描述 小区箱式变压器、分线箱的位置是由小区新建时设计规划而设置的，经常有用户购房时明知所购房屋临近箱式变压器或分线箱，但为达到自己的私利到处投诉要求将箱式变压器或分线箱移走，供电企业应如何处理？

法律解析 小区箱式变压器、分线箱系住宅小区的配套设施之一，其位置是由住宅小区建设单位按设计规划进行设置的，受法律保护。用户购房时无论其是否明知所购房屋临近箱式变压器或分线箱，都无权要求改变依照规划设计设置的小区箱式变压器、分线箱位置。

一些用户为了自己的利益到处投诉，要求迁移箱式变压器、分线箱。我们认为，投诉应区分有理投诉和无理投诉。对于无理投诉应当依法答复，并告知其对答复有异议的，可以通过民事诉讼途径解决。

相关法律条文 >>>

《中华人民共和国物权法》

第六条 任何单位和个人负有不妨碍权利人行使物权的义务。

第七条 权利人享有的物权受法律保护，任何单位和个人不得侵害。

第八十八条 不动产的相邻权利人应当按照有利生产、方便生活、团结互助、公平合理的原则，正确处理相邻关系。

第九十四条 不动产权利人有权依照法律规定，禁止相邻权利人排放大气污染物、水污染物、固体废物以及施放噪声、光、磁波辐射等有害物质。

《电力设施保护条例》

第四条 电力设施受国家法律保护，禁止任何单位或个人从事危害电力设施的行为。任何单位和个人都有保护电力设施的义务，对危害电力设施的行为，有权制止并向电力管理部门、公安部门报告。

供电企业应加强对电力设施的保护工作，对危害电力设施安全的行为，应采取适当措施，予以制止。

19 向用户退款时收款人名称与发票的名称不一致，供电企业如何降低付款风险？

问题描述 向用户退临时接电费时，发现发票上的名称与实际收款人不一致，应让用户提供哪些资料，才能降低供电企业的付款风险？

法律解析 国家发展改革委办公厅文件《关于取消临时接电费和明确自备电厂有关收费政策的通知》（发改办价格〔2017〕1895号）关于取消临时接电费规定，已向用户收取的临时接电费，电网企业应按照合同约定及时组织清退。据此，供电企业应遵循向谁收费就向谁退费的原则。但在实践中，存在实际退费账户与发票上的交款名称不一致的情形，这无疑会给供电企业带来错误清偿的法律风险。

发票上的名称与实际退款账户不一致的情形的有多种原因，供电企业在操作时应当进行区分。第一种情形是企业名称变更所致，该种情形不改变主体的同一性，不存在错误清偿的法律风险，在清退时应要求用户提供企业名称变更登记材料。第二种情形是企业合并，该种情形应当要求用户提供企业合并的材料和企业登记信息。第三种情形是企业分立，该种情形无论是新设分立还是派生分立，都应当要求用户提供企业分立的材料以及分立各方关于该笔退费受领的协议。

除了上述情形之外，还有如债权转让，或者用户指定向第三人付款的情形。对于债权转让的，应当要求用户提供债权转让协议和债权转让的通知；对于用户指定向第三人付款的，应当要求用户出具书面的付款指令。

总之，合同具有相对性，供电企业发现《供用电合同》和发票上记载的用户同实际退款人不符的，应当注意审查原因，并根据不同的原因要求用户或实际退款人提供相应的证明材料，避免错误清偿的法律风险发生。

相关法律条文 ▶▶▶

《中华人民共和国民法总则》

第六十七条　法人合并的，其权利和义务由合并后的法人享有和承担。

法人分立的，其权利和义务由分立后的法人享有连带债权，承担连带债务，但是债权人和债务人另有约定的除外。

《中华人民共和国公司法》

第一百七十四条　公司合并时，合并各方的债权、债务，应当由合并后存续的公司或者新设的公司承继。

第一百七十六条　公司分立前的债务由分立后的公司承担连带责任。但是，公司在分立前与债权人就债务清偿达成的书面协议另有约定的除外。

《中华人民共和国合同法》

第七十条　债权人分立、合并或者变更住所没有通知债务人，致使履行债务发生困难的，债务人可以中止履行或者将标的物提存。

第八十条　债权人转让权利的，应当通知债务人。未经通知，该转让对债务人不发生效力。

债权人转让权利的通知不得撤销，但经受让人同意的除外。

第九十条　当事人订立合同后合并的，由合并后的法人或者其他组织行使合同权利，履行合同义务。当事人订立合同后分立的，除债权人和债务人另有约定的以外，由分立的法人或者其他组织对合同的权利和义务享有连带债权，承担连带债务。

20 供电企业应如何配合政府停电？

问题描述 供电企业营销业务工作中经常会碰到政府部门（甚至是市、县矿山企业综合治理办公室等临设机构）在采取具体行政行为之前发函要求供电企业对用户停电，应如何处理？

法律解析 配合政府及其部门进行停电，目前缺乏可操作性的指南。《中华人民共和国电力法》《电力供应和使用条例》对此均未作规定。实务中，行政机关为了环境治理等发函要求供电企业停止供电，发函的主体有乡镇人民政府、街道办事处、城市综合执法局，甚至有指挥部和领导小组等临时机构。供电企业配合采取停电措施后，有不少用户将供电企业诉至人民法院要求恢复供电并赔偿损失。

一般情况下，供电企业应当配合政府及其部门的行政执法工作，但是配合停止供电应当依法进行。停止供电可以作为一种强制措施，比如《中华人民共和国突发事件应对法》第五十条规定的停止供电措施，可以由公安机关采取，通知供电企业协助执行；《中华人民共和国安全生产法》第六十七条规定的停止供电措施，可以由安全生产监督管理部门采取，通知供电企业协助执行。

除此之外，根据《中华人民共和国行政强制法》的规定，停止供电可以作为一种行政强制执行措施。需要指出的是，《中华人民共和国行政强制法》第四十三条第二款规定，行政机关不得对居民生活采取停止供水、供电、供热、供燃气等方式迫使当事人履行相关行政决定。所以，行政机关对居民生活采取停电措施进行强制执行是不符合法律规定的。

值得注意的是，配合政府及其部门采取停电措施时，一是要注意分辨通知的主体是政府及其部门，还是临时机构。临时机构是没有执法主体资格的，应当由设立该临时机构的机关作为执法主体。二是要审查判断是行政强制措施还是行政强制执行，如是行政强制措施的，一定要审查法律依据；如是行政强制执行的，一定要求行政机关提供《行政强制决定书》和《协助执行通知书》。三是要停电需要在相关部门执法人员现场主持下进行，不得供电企业单独实施。对违法要求采取停电措施的，应当向政府及其有关部门提出意见和建议，防范法律风险。

相关法律条文

《中华人民共和国突发事件应对法》

第五十条 社会安全事件发生后，组织处置工作的人民政府应当立即组织有关部门并由公安机关针对事件的性质和特点，依照有关法律、行政法规和国家其他有关规定，采取下列一项或者多项应急处置措施：

……

（二）对特定区域内的建筑物、交通工具、设备、设施以及燃料、燃气、电力、水的供应进行控制；

……

严重危害社会治安秩序的事件发生时，公安机关应当立即依法出动警力，根据现场情况依法采取相应的强制性措施，尽快使社会秩序恢复正常。

《中华人民共和国安全生产法》

第六十七条 负有安全生产监督管理职责的部门依法对存在重大事故隐患的生产经营单位做出停产停业、停止施工、停止使用相关设施或者设备的决定，生产经营单位应当依法执行，及时消除事故隐患。生产经营单位拒不执行，有发生生产安全事故的现实危险的，在保证安全的前提下，经本部门主要负责人批准，负有安全生产监督管理职责的部门可以采取通知有关单位停止供电、停止供应民用爆炸物品等措施，强制生产经营单位履行决定。通知应当采用书面形式，有关单位应当予以配合。

负有安全生产监督管理职责的部门依照前款规定采取停止供电措施，除有危及生产安全的紧急情形外，应当提前 24 小时通知生产经营单位。生产经营单位依法履行行政决定、采取相应措施消除事故隐患的，负有安全生产监督管理职责的部门应当及时解除前款规定的措施。

《中华人民共和国行政强制法》

第四十三条 行政机关不得在夜间或者法定节假日实施行政强制执行。但是，情况紧急的除外。

行政机关不得对居民生活采取停止供水、供电、供热、供燃气等方式迫使当事人履行相关行政决定。

《电力供应和使用条例》

第二十八条 除本条例另有规定外，在发电、供电系统正常运行的情况下，供电企业应当连续向用户供电；因故需要停止供电时，应当按照下列要求事先通知用户或者进行公告：

（一）因供电设施计划检修需要停电时，供电企业应当提前 7 天通知用户或者进行公告；

（二）因供电设施临时检修需要停止供电时，供电企业应当提前 24 小时通知重要用户；

（三）因发电、供电系统发生故障需要停电、限电时，供电企业应当按照事先确定的限电序位进行停电或者限电。引起停电或者限电的原因消除后，供电企业应当尽快恢复供电。

《供电监管办法》

第二十四条　电力监管机构对供电企业执行国家有关节能减排和环境保护政策的情况实施监管。

供电企业应当减少电能输送和供应环节的损失和浪费。

供电企业应当严格执行政府有关部门依法做出的对淘汰企业、关停企业或者环境违法企业采取停限电措施的决定。未收到政府有关部门决定恢复送电的通知，供电企业不得擅自对政府有关部门责令限期整改的用户恢复送电。

第二十五条　电力监管机构对供电企业实施电力需求侧管理的情况实施监管。

供电企业应当按照国家有关电力需求侧管理规定，采取有效措施，指导用户科学、合理和节约用电，提高电能使用效率。

21 电子签名在合同签订中的法律效力如何？

问题描述 供电企业大力推广线上受理业务，在业务办理过程中涉及相关业务（如《供用电合同》签订），采用电子签名是否具有法律效力？

法律解析 《电力供应和使用条例》第三十二条规定："供电企业和用户应当在供电前根据用户需要和供电企业的供电能力签订《供用电合同》。"结合《供电营业规则》第九十三条第一款的规定，此处的《供用电合同》订立形式应当为书面形式。

那么，供电企业推广线上受理业务，采用电子签名是否符合书面形式的要求呢？《中华人民共和国合同法》第十一条规定："书面形式是指合同书、信件和数据电文（包括电报、电传、传真、电子数据交换和电子邮件）等可以有形地表现所载内容的形式。"《中华人民共和国电子签名法》第四条规定："能够有形地表现所载内容，并可以随时调取查用的数据电文，视为符合法律、法规要求的书面形式。"换而言之，电子数据也是书面形式。同时，《中华人民共和国电子签名法》第三条第三款第（三）项仅将"涉及停止供水、供热、供气、供电等公用事业服务的"排除适用该条第二款。因此，在业务办理过程中涉及相关业务（如《供用电合同》签订）可以采用电子签名，但涉及停止供电的除外。

对于电子签名的效力，《中华人民共和国电子签名法》第十四条规定："可靠的电子签名与手写签名或者盖章具有同等的法律效力。"那什么是可靠的电子签名呢？根据《中华人民共和国电子签名法》第十三条的规定："电子签名同时符合下列条件的，视为可靠的电子签名：（一）电子签名制作数据用于电子签名时，属于电子签名人专有；（二）签署时电子签名制作数据仅由电子签名人控制；（三）签署后对电子签名的任何改动能够被发现；（四）签署后对数据电文内容和形式的任何改动能够被发现。"所以，能够满足以上四项条件的电子签名是具有法律效力的，当事人也可以选择使用符合其约定的可靠条件的电子签名。

相关法律条文

《中华人民共和国合同法》

第十一条 书面形式是指合同书、信件和数据电文（包括电报、电传、传真、电子数据交换和电子邮件）等可以有形地表现所载内容的形式。

《电力供应和使用条例》

第三十二条 供电企业和用户应当在供电前根据用户需要和供电企业的供电能力签订供用电合同。

《供电营业规则》

第九十三条 供用电合同应采用书面形式。经双方协商同意的有关修改合同的文书、电报、电传和图表也是合同的组成部分。

供用电合同书面形式可分为标准格式和非标准格式两类。标准格式合同适用于供电方式简单、一般性用电需求的用户；非标准格式合同适用于供用电方式特殊的用户。

省电网经营企业可根据用电类别、用电容量、电压等级的不同，分类制定出适应不同类型用户需要的标准格式的供用电合同。

《中华人民共和国电子签名法》

第二条 本法所称电子签名，是指数据电文中以电子形式所含、所附用于识别签名人身份并表明签名人认可其中内容的数据。

本法所称数据电文，是指以电子、光学、磁或者类似手段生成、发送、接收或者储存的信息。

第三条 民事活动中的合同或者其他文件、单证等文书，当事人可以约定使用或者不使用电子签名、数据电文。

当事人约定使用电子签名、数据电文的文书，不得仅因为其采用电子签名、数据电文的形式而否定其法律效力。

前款规定不适用下列文书：

（一）涉及婚姻、收养、继承等人身关系的；

（二）涉及土地、房屋等不动产权益转让的；

（三）涉及停止供水、供热、供气、供电等公用事业服务的；

（四）法律、行政法规规定的不适用电子文书的其他情形。

第四条 能够有形地表现所载内容，并可以随时调取查用的数据电文，视为符合法律、法规要求的书面形式。

第十三条 电子签名同时符合下列条件的，视为可靠的电子签名：

（一）电子签名制作数据用于电子签名时，属于电子签名人专有；

（二）签署时电子签名制作数据仅由电子签名人控制；

（三）签署后对电子签名的任何改动能够被发现；

（四）签署后对数据电文内容和形式的任何改动能够被发现。

当事人也可以选择使用符合其约定的可靠条件的电子签名。

第十四条 可靠的电子签名与手写签名或者盖章具有同等的法律效力。

22 《供用电合同》当事人、缴费人、实际用电人不一致的，供电企业应如何处理？

问题描述 缴费人与《供用电合同》当事人不一致、实际用电人与合同当事人不一致、实际用电人与缴费人不一致导致的法律纠纷如何处理？

法律解析 供电企业与用户之间是供用电合同关系，一般而言，用电人、缴费人与合同主体是一致的。但是，供用电合同一方在将用电场所进行出租、出借或承包经营场合，则会出现《供用电合同》当事人、缴费人、实际用电人不一致的情形，也极易发生纠纷。

（1）《供用电合同》的当事人与实际用电人不一致，当《供用电合同》的当事人与实际用电人之间发生纠纷，供用电合同的当事人则会利用与供电企业之间的供用电合同关系，向供电企业申请报停。此时，实际用电人认为与《供用电合同》的当事人之间存在合法的租赁关系，电费也是其一直缴纳，函告供电企业不得停止供电，否则要追究供电企业的责任，使供电企业左右为难。

（2）《供用电合同》的当事人不是缴费人，实际缴费人在缴费后要求供电企业直接向其开具发票，造成财务处理和税务处理的困惑。甚至有些情况是，供用电合同的当事人与实际用电人不一致，供电企业也认可实际用电人作为缴费主体，发票开具给实际用电人，产生供用电合同关系是在谁之间成立的纠纷。

（3）实务中，最令人困惑的是住宅小区公共用电合同主体的认定：因某小区欠缴公共用电费，供电企业在履行法定告知程序后，对该小区实施强制停电。停电后，小区电梯停用、门禁失效、路灯和车库等不能照明、生活水泵停用，小区几百户居民的生活在一定程度上受到了影响。小区业主、业委会、物业公司、供电企业曾为解决停电纠纷做出不懈努力，并请求政府部门出面协调，但各方未能谈妥。业委会为此诉至法院，请求判令供电企业立即恢复对小区供电，由物业公司、开发商立即向供电企业支付全部拖欠电费。

上面这个案例就产生了三种观点：第一种观点认为，开发商交付小区后，小区业主是公共用电的实际用电人和缴费义务人，各方对此均应明知，开发商不再实际用电，也不应缴纳电费。此时，因小区业主实际缴纳电费，则小区业主与供电企业形成了事实上的公共用电合同关系。第二种观点认为，由于开发商与物业公司签订了前期物业合同，将物业交予物业公司管理，包括公共用电设施的使用、管理及电费的收缴义务。此后，物业公司是公共用电设施的实际掌控人，其对小区公共用电设施的使用与管理最为熟知，小区业主仅是享受物业公司提供的各种服务。所以，物业公司应作为《供用电合同》的主体，并负有缴纳电费义务。第三种观点认为，根据合同相对性原则，开发商作为《供用电合同》相对方，在《供用电合同》主体未变更的情况下，仍应作为缴纳公共用电费的义务人。即使小区业主是实际用电人，在各方未明确变更合同主体的情形下，公共用电合同的主体不宜作变更。实践中，三种观点均获得过法院支持。

相关法律条文 ≫≫

《中华人民共和国合同法》

第一百七十六条　供用电合同是供电人向用电人供电，用电人支付电费的合同。

第一百八十二条　用电人应当按照国家有关规定和当事人的约定及时交付电费。用电人逾期不交付电费的，应当按照约定支付违约金。经催告用电人在合理期限内仍不交付电费和违约金的，供电人可以按照国家规定的程序中止供电。

《供电营业规则》

第九十四供用电合同的变更或者解除，必须依法进行。有下列情形之一的，允许变更或解除供用电合同：

1. 当事人双方经过协商同意，并且不因此损害国家利益和扰乱供用电秩序；

2. 由于供电能力的变化或国家对电力供应与使用管理的政策调整，使订立供用电合同时的依据被修改或取消；

3. 当事人一方依照法律程序确定确实无法履行合同；

4. 由于不可抗力或一方当事人虽无过失，但无法防止的外因，致使合同无法履行。

23 用电检查是供电企业的权利还是义务？

问题描述　供电企业对用户开展正常用电检查，未发现安全隐患，事后用户配电设备发生故障，损失严重。用户以供电企业用电检查不到位为由提出索赔，要求供电企业赔偿设备损失费和其他预期收益，供电企业是否需要承担赔偿责任？

法律解析　供电企业与用户之间是供用电合同关系，供电企业对用户开展用电检查从本质上而言是一种供电方对用电方的合同权利而非合同义务。原《用电检查管理办法》规定用电检查的内容是："一、用户执行国家有关电力供应与使用的法规、方针、政策、标准、规章制度情况；二、用户受（送）电装置工程施工质量检验；三、用户受（送）电装置中电气设备运行安全状况的；四、用户保安电源和非电性质的保安措施；五、用户反事故措施；六、用户进网作业电工的资格、进网作业安全状况及作业安全保障措施；七、用户执行计划用电、节约用电情况；八、用电计量装置、电力负荷控制装置、继电保护和自动装置、调度通信等安全运行状况；九、供用电合同及有关协议履行的情况；十、受电端电能质量状况；十一、违章用电和窃电行为；十二、并网电源、自备电源并网安全状况。"

但是，正因为用电检查是一种权利而非义务，故原《用电检查管理办法》第六条规定："用户对其设备的安全负责。用电检查人员不承担因被检查设备不安全引起的任何直接损坏或损害的赔偿责任。"所以，供电企业对用户开展正常用电检查，未发现安全隐患，事后用户配电设备发生故障，损失严重，用户以供电企业用电检查不到位为由提出索赔，要求供电企业赔偿设备损失费和其他预期收益，应不予支持。尽管《用电检查管理办法》现已废止，但根据《中华人民共和国合同法》供电人的合同责任，以及《供电营业规则》第五十一条的规定，该规则仍应得到遵循。

相关法律条文

《中华人民共和国合同法》

　　第一百七十九条　供电人应当按照国家规定的供电质量标准和约定安全供电。供电人未按照国家规定的供电质量标准和约定安全供电，造成用电人损失的，应当承担损害赔偿责任。

　　第一百八十一条　因自然灾害等原因断电，供电人应当按照国家有关规定及时抢修。未及时抢修，造成用电人损失的，应当承担损害赔偿责任。

《供电营业规则》

第五十一条　在供电设施上发生事故引起的法律责任，按供电设施产权归属确定。产权归属于谁，谁就承担其拥有的供电设施上发生事故引起的法律责任。但产权所有者不承担受害者因违反安全或其他规章制度，擅自进入供电设施非安全区域内而发生事故引起的法律责任，以及在委托维护的供电设施上，因代理方维护不当所发生事故引起的法律责任。

《中华人民共和国电力法》

第五十六条　电力管理部门依法对电力企业和用户执行电力法律、行政法规的情况进行监督检查。

24 不可抗力因素致用户受到损失的，供电企业可否主张免责？如何理解最高赔偿限额？

问题描述 供电企业因强不可抗力因素引起区域故障报修增多，可否主张不可抗力，不承担因未及时送电造成的损失？一般情形下，如《供用电合同》约定"供电人未履行抢修义务而导致用电人损失扩大的"，对扩大损失部分，供电人最高赔偿限额为用电人在停电时间内可能用电量（该用电量的计算参照）电度电费的五倍，而用户因实际损失远远大于该约定，要求供电企业赔偿实际损失，应如何处理？

法律解析 不可抗力，是指合同订立时不能预见、不能避免并不能克服的客观情况。根据我国实践、国际贸易惯例和多数国家有关法律的解释，不可抗力事件的范围主要由两部分构成：一是由自然原因引起的自然现象，如火灾、旱灾、地震、风灾、大雪和山崩等；二是由社会原因引起的社会现象，如战争、动乱、政府干预、罢工、禁运等。如果停电和不能及时进行抢修是由上述不可抗力事件所致，无论依据合同法还是侵权责任法，供电企业都是可以免责的。

至于一般情形下，《供用电合同》中约定最高赔偿限额，因为《供用电合同》是属格式条款，且《中华人民共和国合同法》《中华人民共和国电力法》《中华人民共和国电力供应和使用条例》和《供电营业规则》均未规定赔偿限额，合同约定赔偿限额缺乏法律依据。供用电合同作为平等主体之间订立的民事合同，遵循意思自治，约定赔偿限额也并非完全不可。但需要指出的是，赔偿限额约定条款的效力在审判实务中常有争议，目前尚无定论。

相关法律条文 ◢ ▶▶▶

《中华人民共和国合同法》

第三十九条 采用格式条款订立合同的，提供格式条款的一方应当遵循公平原则确定当事人之间的权利和义务，并采取合理的方式提请对方注意免除或者限制其责任的条款，按照对方的要求，对该条款予以说明。

格式条款是当事人为了重复使用而预先拟定，并在订立合同时未与对方协商的条款。

第四十条 格式条款具有本法第五十二条和第五十三条规定情形的，或者提供格式条款一方免除其责任、加重对方责任、排除对方主要权利的，该条款无效。

第五十三条 合同中的下列免责条款无效：

造成对方人身伤害的；

（二）因故意或者重大过失造成对方财产损失的。

第一百八十一条 因自然灾害等原因断电，供电人应当按照国家有关规定及时抢修。未及时抢修，造成用电人损失的，应当承担损害赔偿责任。

25 短时强对流天气引起大风、暴雨时，如供电企业已经及时抢修，是否仍要对用户遭受的损失承担赔偿责任？

问题描述 短时大风、暴雨天气，导致配电线路被大风刮断，造成沿线用户停电，供电企业立即启动抢修，尽快恢复了供电，供电企业是否应对用户停电损失进行赔偿？大风、暴雨天气是否符合不可抗力？

法律解析 不可抗力，是指不能预见、不能避免并不能克服的客观情况。引起不可抗力的原因有两种：一是自然原因，如洪水、暴风、地震、干旱、暴风雪等人类无法控制的大自然力量所引起的灾害事故；二是社会原因，如战争、罢工、政府禁止令等引起的。在实践中，对不可抗力的认定是很严格的。短时大风、暴雨天气能否认定为不可抗力，要结合架空电力线路抗风能力设计或施工规范和标准进行考虑。

《中华人民共和国合同法》第一百八十一条规定："因自然灾害等原因断电，供电人应当按照国家有关规定及时抢修。未及时抢修，造成用电人损失的，应当承担损害赔偿责任"，据此，作者倾向认为在电力线路因自然灾害等原因造成停电的情形下，供电企业的义务是及时抢修，只有在未及时抢修造成用户损失时，才承担违约责任。也就是说，该情形下《供用电合同》项下供电企业的合同义务是行为义务，而非结果义务，不能将任何情形下的停电都认定为供电企业对《供用电合同》义务的违反。

相关法律条文

《中华人民共和国合同法》

第一百一十七条　因不可抗力不能履行合同的，根据不可抗力的影响，部分或者全部免除责任，但法律另有规定的除外。当事人迟延履行后发生不可抗力的，不能免除责任。

本法所称不可抗力，是指不能预见、不能避免并不能克服的客观情况。

第一百八十一条　因自然灾害等原因断电，供电人应当按照国家有关规定及时抢修。未及时抢修，造成用电人损失的，应当承担损害赔偿责任。

《中华人民共和国电力法》

第五十九条　供电企业或者用户违反供用电合同，给对方造成损失的，应当依法承担赔偿责任。

供电企业违反本法第二十八条、第二十九条第一款的规定，未保证供电质量或者未事先通知用户中断供电，给用户造成损失的，应当依法承担赔偿责任。

第六十条 因电力运行事故给用户或者第三人造成损害的，供电企业应当依法承担赔偿责任。

电力运行事故由下列原因之一造成的，供电企业不承担赔偿责任：

（一）不可抗力；

（二）用户自身的过错。

因用户或者第三人的过错给供电企业或者其他用户造成损害的，该用户或者第三人应当依法承担赔偿责任。

26 承租人窃电的，供电企业能否要求出租人（《供用电合同》对方）承担民事责任？

问题描述 A 企业厂房出租给 B 企业，用电开户人为 A 企业，B 企业窃电，B 企业负责人已被追究刑事责任，考虑 B 企业没有可执行的财产，故未提起刑事附带民事赔偿。供电企业可否基于与 A 企业的供用电合同关系，以 A 企业违反《供用电合同》为由，要求 A 企业补缴窃电电费和违约金？

法律解析 供电企业与用户之间是供用电合同关系，用户违约的，应当向供电企业承担违约责任。用户将用电场所出租给第三人使用，第三人称为实际用电人，但基于合同的相对性，该第三人并不因为其实际用电的事实与供电企业之间成立供用电合同关系。故一般而言，第三人不支付电费的，用户应当向供电企业承担逾期支付电费的违约责任。

从行政法或刑法角度评价，第三人盗窃电能是一种违法，甚至是犯罪行为。从侵权责任法角度评价，第三人盗窃电能是对供电企业财产权的侵犯，是一种侵权行为，应当承担侵权责任。供电企业可以提起侵权之诉，请求盗窃电能的侵权责任人承担电费损失的赔偿责任。

问题中提到 B 企业没有可供执行的财产，遂要求 A 企业承担违反《供用电合同》的责任。在承租人盗窃电能的场合，供电企业能否以供用电合同关系为由，请求作为用户的出租人承担违约责任，实务中是有争议的。一种观点认为，盗窃电能具有隐蔽性，出租人将财产出租给承租人使用，财产在承租人实际控制和支配下，用户并没有做出任何违反《供用电合同》约定的行为，不存在承担违约责任的前提基础。另一种观点认为，我国《中华人民共和国合同法》第一百二十一条规定："当事人一方因第三人的原因造成违约的，应当向对方承担违约责任。当事人一方和第三人之间的纠纷，依照法律规定或者按照约定解决。"据此，用户应当对承租人的盗窃电能行为向供电企业承担违约责任，用户承担违约责任后可以财产租赁合同关系向盗窃电能的承租人进行追偿。

相关法律条文

《中华人民共和国电力法》

第七十一条 盗窃电能的，由电力管理部门责令停止违法行为，追缴电费并处应交电费五倍以下的罚款；构成犯罪的，依照刑法有关规定追究刑事责任。

《电力供应与使用条例》

第四十一条 违反本条例第三十一条规定，盗窃电能的，由电力管理部门责令停止违法行为，追缴电费并处应交电费5倍以下的罚款；构成犯罪的，依法追究刑事责任。

《供电营业规则》

第一百零二条 供电企业对查获的窃电者，应予制止，并可当场中止供电。窃电者应按所窃电量补交电费，并承担补交电费三倍的违约使用电费。拒绝承担窃电责任的，供电企业应报请电力管理部门依法处理。窃电数额较大或情节严重的，供电企业应提请司法机关依法追究刑事责任。

《中华人民共和国合同法》

第一百二十一条 当事人一方因第三人的原因造成违约的，应当向对方承担违约责任。当事人一方和第三人之间的纠纷，依照法律规定或者按照约定解决。

27 因跳闸引起短时停电，供电企业遭用户索赔时，应如何处理？

问题描述 变电站一台主变压器跳闸，备自投动作存在 10s 左右延时送电，遭大用户（对供电可靠性要求比较高的企业）索赔，供电企业应如何处理？

法律解析 变电站一台主变压器跳闸属于故障，也是电力运行事故的一种。引起主变压器跳闸的原因很多，原因不同其责任也不同。如属于自然灾害等不可抗力原因导致主变压器跳闸，则供电企业免责；如属于第三人原因导致主变压器跳闸，第三人应当承担责任。但在实践中，供电企业与用户之间是供用电合同关系，用户因停电造成损失首先想到的是供电企业停电违约，通常没有考量停电的原因，所以用户投诉后供电企业应耐心做好解释工作。

需要讨论的是，如果是第三人（含其他用户）的原因造成主变压器跳闸，用户能否向供电企业索赔？我们认为，根据《中华人民共和国合同法》第一百八十一条的规定，在电力线路因第三人的侵权行为造成停电的情形下，供电企业的义务是及时抢修，只有在未及时抢修造成用户损失的，才承担违约责任。也就是说，该情形下《供用电合同》项下供电企业的合同义务是行为义务，而非结果义务，不应将任何情形下的停电都认定为供电企业对《供用电合同》义务的违反。《中华人民共和国电力法》第六十条第三款规定："因用户或者第三人的过错给供电企业或者其他用户造成损害的，该用户或者第三人应当依法承担赔偿责任。"《中华人民共和国侵权责任法》第二十八条规定："损害是因第三人造成的，第三人应当承担侵权责任。"所以，第三人（含其他用户）的原因造成电力运行事故导致用户损失的，应当由第三人（含其他用户）承担责任。

相关法律条文

《中华人民共和国合同法》

第一百二十一条 当事人一方因第三人的原因造成违约的，应当向对方承担违约责任。当事人一方和第三人之间的纠纷，依照法律规定或者按照约定解决。

第一百八十一条 因自然灾害等原因断电，供电人应当按照国家有关规定及时抢修。未及时抢修，造成用电人损失的，应当承担损害赔偿责任。

《中华人民共和国侵权责任法》

第三条 被侵权人有权请求侵权人承担侵权责任。

第二十八条 损害是因第三人造成的，第三人应当承担侵权责任。

《中华人民共和国电力法》

第五十九条 供电企业或者用户违反供用电合同，给对方造成损失的，应当依法承担赔偿责任。

供电企业违反本法第二十八条、第二十九条第一款的规定，未保证供电质量或者未事先通知用户中断供电，给用户造成损失的，应当依法承担赔偿责任。

第六十条 因电力运行事故给用户或者第三人造成损害的，供电企业应当依法承担赔偿责任。

电力运行事故由下列原因之一造成的，供电企业不承担赔偿责任：

（一）不可抗力；

（二）用户自身的过错。

因用户或者第三人的过错给供电企业或者其他用户造成损害的，该用户或者第三人应当依法承担赔偿责任。

28 供电企业按计划进行停电检修，遭到用户反对时，应如何处理？

问题描述 供电企业按照排定的年度停电检修计划执行停电检修时，用户以"生产停不下来""停电造成损失"为由反对停电检修，供电企业应如何处理？

法律解析 《中华人民共和国合同法》第一百八十条规定，供电人因供电设施计划检修，需要中断供电时，应当按照国家有关规定事先通知用电人。《电力供应与使用条例》第二十八条第一款（一）规定："因供电设施计划检修需要停电时，供电企业应当提前7天通知用户或者进行公告。"据此，供电企业按照年度停电检修计划停电的，只需按照规定提前7天通知用户或者进行公告，并不需要征得用电人的同意。

需要指出的是，《中华人民共和国合同法》第一百八十条的规定与《电力供应与使用条例》第二十八条第一款（一）的规定有所不同。根据《中华人民共和国合同法》的规定，应当事先通知用电人，而按照《电力供应与使用条例》第二十八条第一款（一）的规定，"应当提前7天通知用户或者进行公告。"鉴于公告的方式具有拟制送达的效果，并不等于用电人能够及时知悉其内容，所以能够直接通知的应当直接通知，尤其是对于用电大户，应尽可能避免不必要的纠纷。

在实践中，供电企业应积极与用户做好停电检修的沟通，尽量争取用户的理解。

相关法律条文

《中华人民共和国合同法》

第一百八十条 供电人因供电设施计划检修、临时检修、依法限电或者用电人违法用电等原因，需要中断供电时，应当按照国家有关规定事先通知用电人。未事先通知用电人中断供电，造成用电人损失的，应当承担损害赔偿责任。

《中华人民共和国电力法》

第二十九条 供电企业在发电、供电系统正常的情况下，应当连续向用户供电，不得中断。因供电设施检修、依法限电或者用户违法用电等原因，需要中断供电时，供电企业应当按照国家有关规定事先通知用户。

用户对供电企业中断供电有异议的，可以向电力管理部门投诉；受理投诉的电力管理部门应当依法处理。

《电力供应与使用条例》

第二十八条 除本条例另有规定外，在发电、供电系统正常运行的情况下，供电企业应当连续向用户供电；因故需要停止供电时，应当按照下列要求事先通知用户或者进行公告：

（一）因供电设施计划检修需要停电时，供电企业应当提前7天通知用户或者进行公告；

（二）因供电设施临时检修需要停止供电时，供电企业应当提前24小时通知重要用户；

（三）因发电、供电系统发生故障需要停电、限电时，供电企业应当按照事先确定的限电序位进行停电或者限电。引起停电或者限电的原因消除后，供电企业应当尽快恢复供电。

29 用户称未接到停电通知而停电致损，供电企业应如何处理？

问题描述 某店铺业主反映，在没有接到任何通知的情况下突然停电，导致店内的半成品蛋糕全部损坏而要求赔偿，供电企业应如何处理？

法律解析 《中华人民共和国合同法》第一百八十条规定："供电人因供电设施计划检修、临时检修、依法限电或者用电人违法用电等原因，需要中断供电时，应当按照国家有关规定事先通知用电人。未事先通知用电人中断供电，造成用电人损失的，应当承担损害赔偿责任。"根据该条规定，供电企业停止供电的，应当按照国家有关规定事先通知用电人。这不仅是供电企业在《供用电合同》项下的合同义务，也是供电企业的法定义务。所以，除了电力运行故障或者协助司法机关、行政机关执行以外的停止供电，都要根据《电力供应和使用条例》第二十八条规定的期限进行事先通知。

上述问题中涉及店铺业主的损失，如确是由于供电企业没有事先通知中断供电造成的，供电企业应当承担民事责任。但是，店铺业主的损失如何确定需要具体问题具体分析。也就是说，首先需要查明的事实，查明半成品蛋糕全部损坏与停电之间的因果关系，这个可以从停止供电的时间长短、店铺的生产能力，以及蛋糕成品的生产时间等方面进行分析判断。

但是，《中华人民共和国合同法》第一百一十九条规定："当事人一方违约后，对方应当采取适当措施防止损失的扩大；没有采取适当措施致使损失扩大的，不得就扩大的损失要求赔偿。"该条规定确立了合同一方的减损义务，如果店铺业主在停电后没有采取必要的措施防止损失扩大，或者在停电后继续生产蛋糕半成品导致损失的，对这部分扩大的损失，店铺业主无权要求赔偿。

相关法律条文 ▶▶

《中华人民共和国合同法》

第一百一十九条 当事人一方违约后，对方应当采取适当措施防止损失的扩大；没有采取适当措施致使损失扩大的，不得就扩大的损失要求赔偿。

当事人因防止损失扩大而支出的合理费用，由违约方承担。

第一百二十二条 因当事人一方的违约行为，侵害对方人身、财产权益的，受损害方有权选择依照本法要求其承担违约责任或者依照其他法律要求其承担侵权责任。

第一百八十条 供电人因供电设施计划检修、临时检修、依法限电或者用电人违法用电等原因，需要中断供电时，应当按照国家有关规定事先通知用电人。未事先通知用电人中断供电，造成用电人损失的，应当承担损害赔偿责任。

《中华人民共和国电力法》

第二十九条　供电企业在发电、供电系统正常的情况下，应当连续向用户供电，不得中断。因供电设施检修、依法限电或者用户违法用电等原因，需要中断供电时，供电企业应当按照国家有关规定事先通知用户。

用户对供电企业中断供电有异议的，可以向电力管理部门投诉；受理投诉的电力管理部门应当依法处理。

第五十九条　供电企业或者用户违反供用电合同，给对方造成损失的，应当依法承担赔偿责任。

供电企业违反本法第二十八条、第二十九条第一款的规定，未保证供电质量或者未事先通知用户中断供电，给用户造成损失的，应当依法承担赔偿责任。

《电力供应和使用条例》

第二十八条　除本条例另有规定外，在发电、供电系统正常运行的情况下，供电企业应当连续向用户供电；因故需要停止供电时，应当按照下列要求事先通知用户或者进行公告：

（一）因供电设施计划检修需要停电时，供电企业应当提前7天通知用户或者进行公告；

（二）因供电设施临时检修需要停止供电时，供电企业应当提前24小时通知重要用户；

（三）因发电供电系统发生故障需要停电、限电时，供电企业应当按照事先确定的限电序位进行停电或者限电。引起停电或限电的原因消除后，供电企业应当尽快恢复供电。

第二章

电力设施保护

30 小区居民投诉变压器有辐射，供电企业应如何处理？

问题描述 有小区居民通过服务热线投诉，称怀疑居住小区里的变压器存在辐射，要求解决。但是并没有提供任何证据。热线受理的投诉中基本上都是"用户感受到有辐射"，这类问题应如何回复？如果由供电企业通过第三方检测机构检测，则费用由供电企业承担，这造成了计划外的支出，应如何处理？

法律解析 《中华人民共和国侵权责任法》第六十五条规定："因污染环境造成损害的，污染者应当承担侵权责任。"可见，电磁辐射侵权责任实行无过错责任原则。该法第六十六条规定："因污染环境发生纠纷，污染者应当就法律规定的不承担责任或者减轻责任的情形及其行为与损害之间不存在因果关系承担举证责任。"根据该条规定，电磁辐射侵权责任案件，供电企业承担着较重的举证责任。

那么，在现行法律规定下，针对住宅小区业主提出变压器存在辐射的投诉，供电企业该如何应对？

从侵权责任角度而言，住宅小区业主应当对污染造成的损害进行举证，没有损害事实的存在，仅声称"感受到有辐射"，不能满足侵权责任的要件，住宅小区业主主张电磁辐射侵权的，可建议其通过诉讼途径解决，供电企业不轻易启动检测或鉴定程序。低频的高压电辐射能力非常有限，一般不会对人体造成不良影响，居民所称的"感受到有辐射"多为人对未知或新事物不了解而产生的心理负担，非客观事实，应进一步加强电力常识科普宣传。从环境评估的角度而言，国家法律法规没有要求 10kV 电力设施建设必须编制环境影响报告书的强制性规定。

相关法律条文 >>>

《中华人民共和国侵权责任法》

第六十五条 因污染环境造成损害的，污染者应当承担侵权责任。

第六十六条 因污染环境发生纠纷，污染者应当就法律规定的不承担责任或者减轻责任的情形及其行为与损害之间不存在因果关系承担举证责任。

《电磁辐射环境保护管理办法》

第十五条 按规定必须编制环境影响报告书（表）的，从事电磁辐射活动的单位或个人，必须对电磁辐射活动可能造成的环境影响进行评价，编制环境影响报告书（表），并按规定的程序报相应环境保护行政主管部门审批。

电磁辐射环境影响报告书分两个阶段编制。第一阶段编制《可行性阶段环境影响报告书》，必须在建设项目立项前完成。第二阶段编制《实际运行阶段环境影响报告书》，必须在环境保护设施竣工验收前完成。

工业、科学、医疗应用中的电磁辐射设备，必须在使用前完成环境影响报告表的编写。

从事电磁辐射活动的单位和个人必须遵守国家有关环境保护设施竣工验收管理的规定，在电磁辐射建设项目和设备正式投入生产和使用前，向原审批环境影响报告书（表）的环境保护行政主管部门提出环境保护设施竣工验收申请，并按规定提交验收申请报告及第十五条要求的两个阶段的环境影响报告书等有关资料。验收合格的，由环境保护行政主管部门批准验收申请报告，并颁发《电磁辐射环境验收合格证》。

31 企业私自将电杆包入建筑物，供电企业应如何处理？

问题描述 若企业建厂房，未通知供电企业，就私自将电力电杆包在厂区内或车间厂棚内，给电力设备运维工作带来安全隐患风险，该如何处理？

法律解析 根据《中华人民共和国土地管理法》《中华人民共和国城乡规划法》的规定，企业建设厂房需要取得国有土地使用权证、建设用地规划许可证和建设工程规划许可证。如果该企业依法取得国有土地使用权证和规划行政许可，说明该企业的建设行为是合法的，电杆在该企业取得国有土地使用权后设置在企业享有权属的土地上，此时该企业有权要求供电企业排除妨害，供电企业也应当考虑电杆搬迁，并与该企业协商补偿和搬迁事宜。协商不成的，可以通过民事诉讼途径解决。

如果该企业未取得国有土地使用权或未办理建设用地规划许可和建设工程规划许可的，则属于违法建设，供电企业可以向国土资源管理部门或规划行政部门进行举报，要求对非法占用土地或违法建设的行为进行查处。如果电杆设置时，该企业尚未取得国有土地使用权，之后该企业通过国有土地出让手续取得国有土地使用权从事厂房建设的，则涉及设施妨碍，应当根据《电力设施保护条例》第二十二条的规定与供电企业进行协商补偿和搬迁事宜。考虑到该企业厂房已经建成，供电企业可以考虑电杆搬迁并要求该企业补偿搬迁费用。协商不成的，可以通过民事诉讼途径解决。

相关法律条文 ▶▶▶

《电力设施保护条例》

第二十二条 公用工程、城市绿化和其他工程在新建、改建或扩建中妨碍电力设施时，或电力设施在新建、改建或扩建中妨碍公用工程、城市绿化和其他工程时，双方有关单位必须按照本条例和国家有关规定协商，就迁移、采取必要的防护措施和补偿等问题达成协议后方可施工。

《浙江省电网设施建设保护和供用电秩序维护条例》

第十二条 新建、改建、扩建电网设施需要迁移、改造其他设施，或者新建、改建、扩建其他设施需要迁移、改造电网设施的，经双方协商一致并依法办理审批手续后方可施工。迁移、改造相关设施的费用由提出迁移、改造要求的一方承担，法律、法规另有规定或者双方另有约定的除外。

32 树木影响架空电力线路安全时，供电企业应如何处理？

问题描述 树木在架空电力线路下方，如不修剪或砍伐会影响线路运行安全，但修剪或砍伐又会被索赔或投诉，应如何处理？

法律解析 架空电力线路与树木之间的妨碍，从法律角度来看，是一个权利冲突问题。基于公共利益优先保护原则，在危及电力线路运行安全的情况下，无论树木是否在先，修剪砍伐树木既是供电企业的一项权利，也是供电企业保护电力设施的一项义务。树木在先在后仅涉及是否给予补偿的问题。

《中华人民共和国物权法》第八十五条规定："法律、法规对处理相邻关系有规定的，依照其规定；法律、法规没有规定的，可以按照当地习惯。"《中华人民共和国电力法》第五十三条第三款规定："在依法划定电力设施保护区前已经种植的植物妨碍电力设施安全的，应当修剪或者砍伐。"这显然是因为电力设施的安全涉及千家万户，在权利冲突场合，贯彻公共利益优先原则。

那么，修剪或砍伐树木是否需要补偿呢？在树木所有权在先的情形下，处理权利冲突时必须衡量在先权利保护和公共利益保护的关系。《浙江省电网设施建设保护和供用电秩序维护条例》第二十一条第一款规定："电网设施所有人或者管理人发现电力线路保护区内的植物与电力线路导线的间距小于安全距离的，应当告知植物所有人或者管理人在5日内予以修剪；植物所有人或者管理人逾期未修剪的，电网设施所有人或者管理人可以进行修剪。"该条第二款规定："电网设施建设单位在电网设施建设过程中未对植物所有人或者管理人给予本条例第九条规定的补偿的，对于本条前款规定的植物修剪，电网设施所有人或者管理人应当给予植物所有人或者管理人相应补偿。"

对于架空电力线路在先的，根据《中华人民共和国电力法》第五十三条第二款规定："任何单位和个人不得在依法划定的电力设施保护区内修建可能危及电力设施安全的建筑物、构筑物，不得种植可能危及电力设施安全的植物，不得堆放可能危及电力设施安全的物品。"在架空电力线路保护区范围内种植可能危及电力设施安全的植物是一种违法行为，不存在值得保护的合法利益，应不予补偿。

相关法律条文

《中华人民共和国物权法》

第八十五条 法律、法规对处理相邻关系有规定的，依照其规定；法律、法规没有规定的，可以按照当地习惯。

《中华人民共和国电力法》

第五十三条 电力管理部门应当按照国务院有关电力设施保护的规定，对电力设施保护区设立标志。

任何单位和个人不得在依法划定的电力设施保护区内修建可能危及电力设施安全的建筑物、构筑物，不得种植可能危及电力设施安全的植物，不得堆放可能危及电力设施安全的物品。

在依法划定电力设施保护区前已经种植的植物妨碍电力设施安全的，应当修剪或者砍伐。

《浙江省电网设施建设保护和供用电秩序维护条例》

第九条 电网设施建设项目取得建设工程规划许可后，县级以上人民政府经济和信息化主管部门应当根据建设工程规划许可，对依照本条例第十七条规定需要确定的电力线路保护区予以公告。

公告前电力线路保护区内已有的植物，确需予以修剪、采伐的，电网设施建设单位应当给予植物所有人或者管理人相应补偿，并就已修剪植物可能危及电网设施安全时的再次修剪义务，以及不再在保护区内种植可能危及电网设施安全的植物等事项，与该植物所有人或者管理人签订协议。

电网设施建设中需要采伐林木的，应当依法办理林木采伐许可手续。

第二十一条 电网设施所有人或者管理人发现电力线路保护区内的植物与电力线路导线的间距小于安全距离的，应当告知植物所有人或者管理人在五日内予以修剪；植物所有人或者管理人逾期未修剪的，电网设施所有人或者管理人可以进行修剪。

电网设施建设单位在电网设施建设过程中未对植物所有人或者管理人给予本条例第九条规定的补偿的，对于本条前款规定的植物修剪，电网设施所有人或者管理人应当给予植物所有人或者管理人相应补偿。

第二十二条 在遭遇台风、特大暴雨（雪）、地震、泥石流、冰冻等紧急情况时，对可能危及电网设施安全或者妨碍电网设施建设的植物，电网设施所有人或者管理人可以先行修剪、采伐；紧急情况消除后，电网设施所有人或者管理人应当及时告知植物所有人或者管理人，并给予相应补偿。

依照前款规定采伐林木的，电网设施所有人或者管理人还应当在紧急情况消除后五日内将采伐林木情况报告所在地林业主管部门。

33 外力破坏造成电力设施停用，少供的电量损失应如何处理？

问题描述 电力设施在运行中受到外力破坏后，为进行抢修恢复，产生的费用向肇事方收取，但电力设施停用后，造成少供电量的损失如何计算？如何向肇事方追偿？

法律解析 电力设施受国家保护，《中华人民共和国电力法》《电力设施保护条例》对此均作了明确规定。故意破坏或过失损坏电力设施应当承担民事责任，构成犯罪的应当追究刑事责任。

实践中，部分施工单位事先没有征得电力管理部门批准和供电企业允许，盲目在电力设施保护区范围内施工造成电力设施损坏。电力设施遭到破坏后，不仅有抢修产生的修复费用，还有供电企业少供电量产生的损失。那么，对少供电量产生的损失，供电企业该如何索赔？

《中华人民共和国侵权责任法》第十九条规定："侵害他人财产的，财产损失按照损失发生时的市场价格或者其他方式计算。"

《最高人民法院关于审理破坏电力设备刑事案件具体应用法律若干问题的解释》第四条规定，直接经济损失的计算范围包括电量损失金额，被毁损设备材料的购置、更换、修复费用，以及因停电给用户造成的直接经济损失等。之所以将电量损失也纳入直接损失的范畴，是因为电力发、供、用是同时进行的，电能有别于普通商品，无法存储，破坏电力设备导致停电的，必然直接造成供电量的减少，故外力破坏造成的电力设施停用而少供的电量损失属于直接损失，供电企业可以向侵权人索赔。少供的电量和电量价格可参照《供电营业规则》关于少计电量计算和电价的计算方式，折算成损失金额。此外也可以委托有司法鉴定资格的鉴定机构进行鉴定和评估。

相关法律条文

《中华人民共和国侵权责任法》

第二条 侵害民事权益，应当依照本法承担侵权责任。

本法所称民事权益，包括生命权、健康权、姓名权、名誉权、荣誉权、肖像权、隐私权、婚姻自主权、监护权、所有权、用益物权、担保物权、著作权、专利权、商标专用权、发现权、股权、继承权等人身、财产权益。

被侵权人有权请求侵权人承担侵权责任。

侵权人因同一行为应当承担行政责任或者刑事责任的，不影响依法承担侵权责任。

因同一行为应当承担侵权责任和行政责任、刑事责任，侵权人的财产不足以支付的，先承担侵权责任。

侵害他人财产的，财产损失按照损失发生时的市场价格或者其他方式计算。

《供电营业规则》

第九十五条　2. 由于用户的责任造成供电企业对外停电，用户应按供电企业对外停电时间少供电量，乘以上月份供电企业平均售电单价给予赔偿。

3. 对停电责任的分析和停电时间及少供电量的计算，均按供电企业的事故记录及《电业生产事故调查规程》办理。停电时间不足 1 小时按 1 小时计算，超过 1 小时按实际时间计算。

4. 本条所指的电度电费按国家规定的目录单价计算。

《最高人民法院关于审理破坏电力设备刑事案件具体应用法律若干问题的解释》

第四条　解释中直接经济损失的计算范围，包括电量损失金额，被毁损设备材料的购置、更换、修复费用，以及因停电给用户造成的直接经济损失等。

34 电力线路遭受第三方外力破坏，该线路供电区域停电，给用户造成损失的，供电企业应如何处理？

问题描述 某起交通事故中，车辆撞断了供电线路，造成某企业停电，如何处理相关损害赔偿？电力线路遭受第三方外力破坏，该线路供电区域停电，给用户造成的损失，应如何处理？

法律解析 肇事车辆撞断供电线路造成用户停电，用户有权就停电所致的损失要求赔偿。一般而言，用户应当提起侵权之诉，要求肇事车辆赔偿。因为停电造成用户损失是肇事车辆的侵权行为所致，肇事车辆应当承担侵权责任。但是，用户提出侵权之诉，并不意味着供电企业可以不承担责任。如供电企业的架空电力线路高度或者电杆设置不符合标准，可能会被认定为对损害后果的发生存在一定的过错，而被课以相应的民事赔偿责任。即使架空电力线路高度或者电杆设置符合标准，由于事故发生后供电企业未及时抢修造成损失扩大，也可能被认定为对损害后果扩大存在过错，从而被课以承担相应的民事责任。换而言之，在侵权之诉中，供电企业对损害后果发生没有过错的，不应当承担民事责任；对损害后果发生存在过错的，应当承担相应的民事责任。

事故发生后，用户可能基于某种考虑，不直接向肇事车辆提出索赔，而以供用电合同关系为由，根据《中华人民共和国合同法》第一百二十一条"当事人一方因第三人的原因造成违约的，应当向对方承担违约责任。当事人一方和第三人之间的纠纷，依照法律规定或者按照约定解决"的规定，向供电企业提出索赔。

《中华人民共和国合同法》第一百八十一条的规定，在电力线路因第三人的侵权行为造成停电的情形下，供电企业的义务是及时抢修，只有在未及时抢修造成用户损失时，才承担违约责任。也就是说，该情形下《供用电合同》项下供电企业的合同义务是行为义务，而非结果义务，不能将任何情形下的停电都认定为供电企业对《供用电合同》义务的违反。处理此类纠纷，在适用《中华人民共和国合同法》时，应同时适用《中华人民共和国电力法》。《中华人民共和国电力法》第六十条第三款规定"因用户或者第三人的过错给供电企业或者其他用户造成损害的，该用户或者第三人应当依法承担赔偿责任。"此时，应当将《中华人民共和国电力法》第六十条第三款规定作为特别法上的规定，将《中华人民共和国合同法》第一百二十一条规定作为一般法上的规定，根据特别法优于一般法的法律适用规则进行处理。

需要指出的是，由于《中华人民共和国电力法》第六十条第二款只规定了不可抗力和用户自身的过错两种免责事由，未将第三人的过错规定为免责事由，造成司法实践中会支持用户依据供用电合同关系向供电企业索赔。此时，供电企业承担赔偿责任后，可以依据侵权责任法的规定向肇事车辆进行索赔。

相关法律条文

《中华人民共和国合同法》

第一百二十一条　当事人一方因第三人的原因造成违约的，应当向对方承担违约责任。当事人一方和第三人之间的纠纷，依照法律规定或者按照约定解决。

第一百八十一条　因自然灾害等原因断电，供电人应当按照国家有关规定及时抢修。未及时抢修，造成用电人损失的，应当承担损害赔偿责任。

《中华人民共和国侵权责任法》

第三条　被侵权人有权请求侵权人承担侵权责任。

第二十八条　损害是因第三人造成的，第三人应当承担侵权责任。

《中华人民共和国电力法》

第五十九条　供电企业或者用户违反供用电合同，给对方造成损失的，应当依法承担赔偿责任。

供电企业违反本法第二十八条、第二十九条　第一款的规定，未保证供电质量或者未事先通知用户中断供电，给用户造成损失的，应当依法承担赔偿责任。

第六十条　因电力运行事故给用户或者第三人造成损害的，供电企业应当依法承担赔偿责任。

电力运行事故由下列原因之一造成的，供电企业不承担赔偿责任：

（一）不可抗力；

（二）用户自身的过错。

因用户或者第三人的过错给供电企业或者其他用户造成损害的，该用户或者第三人应当依法承担赔偿责任。

35 建筑施工单位的施工行为可能危及电力线路安全时，供电企业应如何处理？

问题描述 某建筑施工单位在供电企业产权所属的电力线路附近施工，危及线路安全，供电企业运行人员在巡视中发现该问题后，制发安全隐患告知单，但施工单位不予理睬，坚称其建设行为是经过审批的，供电企业无资格发放安全隐患告知单，此时应如何处理？

法律解析 电力设施受法律保护。建筑施工单位在供电企业所属电力线路保护区范围内进行施工的，应当根据《中华人民共和国建筑法》《中华人民共和国电力法》《电力设施保护条例》的规定，报经县级以上电力管理部门办理相应的批准手续并采取安全措施，方可进行作业。

建筑施工单位认为其建设行为是经过审批的，一般是指取得建设工程施工许可证。但是，取得建设工程施工许可证与电力设施保护区范围内施工需要取得县级以上电力管理部门批准并不矛盾。如果建筑施工单位在电力设施保护区范围内进行施工作业，却未取得电力管理部门批准，其建设施工行为仍不符合《中华人民共和国电力法》及《电力设施保护条例》的规定。

供电企业对于产权属于自己的电力设施，在发现有安全隐患时，有权予以警告和制止，这是供电企业保护自己电力设施安全所采取的措施，不存在有无资格发出安全隐患告知单的问题。

相关法律条文

《中华人民共和国建筑法》

第四十二条 有下列情形之一的，建设单位应当按照国家有关规定办理申请批准手续：

（一）需要临时占用规划批准范围以外场地的；

（二）可能损坏道路、管线、电力、邮电通信等公共设施的；

（三）需要临时停水、停电中断道路交通的；

（五）法律、法规规定需要办理报批手续的其他情形。

《中华人民共和国电力法》

第五十二条 任何单位和个人不得危害发电设施、变电设施和电力线路设施及其有关辅助设施。

在电力设施周围进行爆破及其他可能危及电力设施安全的作业的，应当按照国务院有关电力设施保护的规定，经批准并采取确保电力设施安全的措施后，方可进行作业。

第五十四条　任何单位和个人需要在依法划定的电力设施保护区内进行可能危及电力设施安全的作业时，应当经电力管理部门批准并采取安全措施后，方可进行作业。

《电力设施保护条例》

第十七条　任何单位或个人必须经县级以上地方电力管理部门批准，并采取安全措施后，方可进行下列作业或活动：

（一）在架空电力线路保护区内进行农田水利基本建设工程及打桩、钻探、开挖等作业；

（二）起重机械的任何部位进入架空电力线路保护区进行施工；

（三）小于导线距穿越物体之间的安全距离，通过架空电力线路保护区；

（四）在电力电缆线路保护区内进行作业。

36 电力线路架设中先树后线，供电企业应如何处理？

问题描述 输电线路架设前已存在的树苗，若干年后与线路安全距离不足。修剪时，树苗所有人要求赔偿，应如何处理？

法律解析 从物权法角度，树木的所有权人对树木的所有权受法律保护，电力线路的所有权人对电力线路的所有权受法律保护，所有权受法律平等保护。同时，权利人行使自己的权利不能损害他人的权利。电力线路架设前已经存在的树苗，若干年后与电力线路安全距离不足，构成相邻妨害，相邻各方负有一定的容忍义务，应正确处理相邻关系。

我国法律法规基于立法上的利益衡量，对这种相邻关系的处理建立了一定的规则。《中华人民共和国物权法》第八十五条规定："法律、法规对处理相邻关系有规定的，依照其规定；法律、法规没有规定的，可以按照当地习惯。"《中华人民共和国电力法》第五十三条第三款规定："在依法划定电力设施保护区前已经种植的植物妨碍电力设施安全的，应当修剪或者砍伐。"这显然是因为电力设施的安全涉及千家万户，在权利冲突场合，贯彻公共利益优先原则。但该条并没有规定是否应当予以补偿，以及由谁来修剪或砍伐。

那么，修剪或砍伐树木是否需要补偿呢？树木所有权人对树木享有所有权，如修剪或砍伐不给予适当补偿，不符合权利平等保护的法律原则。在树木所有权在先的情形下，处理权利冲突时必须衡量在先权利保护和公共利益保护的关系。

《浙江省电网设施建设保护和供用电秩序维护条例》第二十一条第一款规定："电网设施所有人或者管理人发现电力线路保护区内的植物与电力线路导线的间距小于安全距离的，应当告知植物所有人或者管理人在 5 日内予以修剪；植物所有人或者管理人逾期未修剪的，电网设施所有人或者管理人可以进行修剪。"该条第二款规定："电网设施建设单位在电网设施建设过程中未对植物所有人或者管理人给予本条例第九条规定的补偿的，对于本条前款规定的植物修剪，电网设施所有人或者管理人应当给予植物所有人或者管理人相应补偿。"

据此，我们认为，在树木妨碍电力设施安全的情况下，应当修剪或砍伐树木，但应当给予相应的补偿。补偿的数额可以通过协商确定，协商不成的，可以委托有资质的评估机构评估确定。对评估有异议的，可以通过诉讼途径由人民法院处理。

相关法律条文 >>>

《中华人民共和国物权法》

第八十四条　不动产的相邻权利人应当按照有利生产、方便生活、团结互助、公平合理的原则，正确处理相邻关系。

第八十五条　法律、法规对处理相邻关系有规定的，依照其规定；法律、法规没有规定的，可以按照当地习惯。

《中华人民共和国电力法》

第五十三条　电力管理部门应当按照国务院有关电力设施保护的规定，对电力设施保护区设立标志。

任何单位和个人不得在依法划定的电力设施保护区内修建可能危及电力设施安全的建筑物、构筑物，不得种植可能危及电力设施安全的植物，不得堆放可能危及电力设施安全的物品。

在依法划定电力设施保护区前已经种植的植物妨碍电力设施安全的，应当修剪或者砍伐。

《浙江省电网设施建设保护和供用电秩序维护条例》

第九条　电网设施建设项目取得建设工程规划许可后，县级以上人民政府经济和信息化主管部门应当根据建设工程规划许可，对依照本条例第十七条规定需要确定的电力线路保护区予以公告。

公告前电力线路保护区内已有的植物，确需予以修剪、采伐的，电网设施建设单位应当给予植物所有人或者管理人相应补偿，并就已修剪植物可能危及电网设施安全时的再次修剪义务，以及不再在保护区内种植可能危及电网设施安全的植物等事项，与该植物所有人或者管理人签订协议。

电网设施建设中需要采伐林木的，应当依法办理林木采伐许可手续。

第二十一条　电网设施所有人或者管理人发现电力线路保护区内的植物与电力线路导线的间距小于安全距离的，应当告知植物所有人或者管理人在五日内予以修剪；植物所有人或者管理人逾期未修剪的，电网设施所有人或者管理人可以进行修剪。

电网设施建设单位在电网设施建设过程中未对植物所有人或者管理人给予本条例第九条规定的补偿的，对于本条前款规定的植物修剪，电网设施所有人或者管理人应当给予植物所有人或者管理人相应补偿。

第二十二条　在遭遇台风、特大暴雨（雪）、地震、泥石流、冰冻等紧急情况时，对可能危及电网设施安全或者妨碍电网设施建设的植物，电网设施所有人或者管理人可以先行修剪、采伐；紧急情况消除后，电网设施所有人或者管理人应当及时告知植物所有人或者管理人，并给予相应补偿。

依照前款规定采伐林木的，电网设施所有人或者管理人还应当在紧急情况消除后五日内将采伐林木情况报告所在地林业主管部门。

37 农户擅自增高房屋的高度，并在屋顶施工时高举导电管材导致触电受伤，供电企业应如何处理？

问题描述 农户在新农村改造过程中重建房屋，在电力线路尚未完成迁移的情况下，擅自增高房屋的高度，并在屋顶施工时高举导电管材，导致触电受伤。农户家属认为是由于供电企业架空线路过低才使得其触电，要求赔偿。供电企业是否为此承担责任？

法律解析 新农村改造建设房屋与架空电力线路产生设施妨碍时，应当通过协商的方式妥善解决，在就迁移、采取必要的防护措施和补偿等问题达成协议前不应进行施工。同时，根据《电力设施保护条例》第十五条第（三）项、第十七条第（一）项的规定，建房人在架空线路尚未迁移的情况下，在架空线路保护区范围内兴建建筑物，且未经县级以上电力管理部门批准进行施工作业，也未采取必要的安全防护措施，在屋顶施工时高举导电管材导致触电受伤，建房人对损害后果的发生有重大过失。

《中华人民共和国侵权责任法》第七十三条规定："从事高空、高压、地下挖掘活动或者使用高速轨道运输工具造成他人损害的，经营者应当承担侵权责任，但能够证明损害是因受害人故意或者不可抗力造成的，不承担责任。被侵权人对损害的发生有过失的，可以减轻经营者的责任。"依照该条规定，高压电触电侵权责任实行无过错归责原则，即承担民事责任不以存在过错为构成要件，免责事由只有受害人故意和不可抗力两种情形。所以，用户在明知电线位置与高度的情况下，仍然增加居住房屋的高度，导致房屋与电线之间的距离不符合技术要求与标准，供电企业仍要承担民事赔偿责任，但由于建房人、施工人都有过错，可以减轻供电企业的民事责任。

当遇到类似建房情形的，供电企业应当发出书面通知予以制止，并向政府有关部门反映，尽可能避免触电事故的发生。

相关法律条文

《电力设施保护条例》

第十五条 任何单位或个人在架空电力线路保护区内，必须遵守下列规定：

（三）不得兴建建筑物、构筑物；

第十七条 任何单位或个人必须经县级以上地方电力管理部门批准，并采取安全措施后，方可进行下列作业或活动：

（一）在架空电力线路保护区内进行农田水利基本建设工程及打桩、钻探、开挖等作业；

第二十一条　公用工程、城市绿化和其他工程在新建、改建或扩建中妨碍电力设施时，或电力设施在新建、改建或扩建中妨碍公用工程、城市绿化和其他工程时，双方有关单位必须按照本条例和国家有关规定协商，就迁移、采取必要的防护措施和补偿等问题达成协议后方可施工。

38 如遇对方拒绝签收《危害电力设施整改通知书》，供电企业应如何处理？

问题描述 某单位在供电企业产权所属的电力线路附近从事可能危及电力设施安全的行为，设备巡视人员发现后，签发了《危害电力设施整改通知书》，但其拒绝签收，应如何处理？

法律解析 建筑施工单位拒绝签收供电企业发出的《危害电力设施整改通知书》是一件非常棘手的事。一般来说，供电企业发现建筑施工企业在电力设施保护区范围内进行施工作业存在安全隐患的，应当查明该建设工程的建设单位、施工单位、监理单位后向上述单位发出《危害电力设施整改通知书》，并应当查明经备案的项目经理或者施工安全员，送达《危害电力设施整改通知书》。出于证据固定的需要，供电企业不宜向工地上无法查明或确认身份的人员发出《危害电力设施整改通知书》。

上述单位不愿意签收《危害电力设施整改通知书》的，供电企业要引起重视。在具体操作时，可以通过留置送达并拍照固定，可以通过特快专递进行邮寄送达，并留存好特快专递详情单和查询签收记录。除了向建筑施工企业送达外，同时应送达建设单位和监理单位。当然，上述送达方式都存在举证不能的法律风险，供电企业在巡查中发现建筑施工企业在电力设施保护区范围内施工存在重大安全隐患，建筑施工企业拒绝签收《危害电力设施整改通知书》的，供电企业可以向当地公证处申请证据保全公证，由公证处派出公证员将送达过程进行公证，并制作公证书。

需要指出的是，在《危害电力设施整改通知书》送达后，建筑施工企业仍未采取整改措施的，应当向县级以上电力管理部门、建设行政主管部门和安全生产监督管理部门报告。

相关法律条文

《中华人民共和国公证法》

第十一条 根据自然人、法人或者其他组织的申请，公证机构办理下列公证事项：

（一）合同；

（二）继承；

（三）委托、声明、赠予、遗嘱；

（四）财产分割；

（五）招标投标、拍卖；

（六）婚姻状况、亲属关系、收养关系；

（七）出生、生存、死亡、身份、经历、学历、学位、职务、职称、有无违法犯罪记录；

（八）公司章程；

（九）保全证据；

（十）文书上的签名、印鉴、日期，文书的副本、影印本与原本相符；

（十一）自然人、法人或者其他组织自愿申请办理的其他公证事项。

法律、行政法规规定应当公证的事项，有关自然人、法人或者其他组织应当向公证机构申请办理公证。

《中华人民共和国民事诉讼法》

第六十九条　经过法定程序公证证明的法律事实和文书，人民法院应当作为认定事实的根据，但有相反证据足以推翻公证证明的除外。

《浙江省电网设施建设保护和供用电秩序维护条例》

禁止危害电网设施建设、电网设施安全和非法侵占、使用电能的行为。

电网经营企业应当加强对电网设施的保护和电网运行的维护，对危害电网设施安全的行为，应当予以劝阻和依法制止。

任何单位和个人发现本条第一款规定行为的，有权向发展和改革、经济和信息化、公安等部门举报。

39 车辆撞击电杆使电杆倒塌致人受伤的，供电企业应如何处理？

问题描述 交通事故中，由于车辆撞击电杆，致其倒塌，造成人身伤亡或他人财产损失，供电企业可能承担哪些法律责任？若肇事车辆逃逸，如何处理相关损害赔偿？若保险公司拒不赔偿，应如何索赔？

法律解析 交通事故中车辆撞击电杆，致其倒塌，造成人身伤亡和他人财产损失的，应当先由公安交通管理部门进行现场调查和勘查，并做出道路交通事故认定。如果肇事车辆负事故全部责任的，对于肇事车辆上的人身损害后果，供电企业无需承担责任；对于肇事车辆以外的人身伤亡和财产损失，应当由肇事车辆承担赔偿责任，供电企业也无需承担责任。如果道路交通事故认定书认定供电企业负事故责任，则肇事车辆上的人员伤亡是混合过错造成，应当适用过失相抵规则，供电企业应当根据过错大小承担相应的民事责任；对于造成他人人身伤亡和财产损失的，该损害后果的发生是肇事车辆与供电企业的共同过错所致，肇事车辆与供电企业应当根据过错大小承担民事责任。

肇事车辆在发生道路交通事故后逃逸的，根据《中华人民共和国道路交通安全法实施条例》的规定，应当由肇事车辆承担全部责任，但是有证据证明供电企业也有过错的，可以减轻肇事车辆的责任。需要指出的是，肇事车辆逃逸后，由于不能证明电杆断裂的侵权人和侵权事实，如果电杆断裂致第三人人身或财产损害的，受害人往往会以物件致人损害作为请求权基础向供电企业索赔，此时实行过错推定。供电企业不能证明自己对损害后果没有过错的，需承担民事责任。供电企业承担民事责任后，能够查明肇事车辆及其侵权事实的，可以向肇事车辆追偿。

肇事车辆一般会向保险公司投保交强险和商业三者险，保险公司拒绝理赔的，肇事车辆以外的第三人受到事故伤害，可以将保险公司列为被告起诉至人民法院请求赔偿。供电企业投保供电责任险的，如供电企业对第三人承担民事责任，可以根据保险合同的约定向保险索赔。

相关法律条文

《中华人民共和国侵权责任法》

第十二条 二人以上分别实施侵权行为造成同一损害，能够确定责任大小的，各自承担相应的责任；难以确定责任大小的，平均承担赔偿责任。

第二十六条 被侵权人对损害的发生也有过错的，可以减轻侵权人的责任。

第八十五条 建筑物、构筑物或者其他设施及其搁置物、悬挂物发生脱落、坠落造成他人损害，所有人、管理人或者使用人不能证明自己没有过错的，应当承担侵权责任。所有人、管理人或者使用人赔偿后，有其他责任人的，有权向其他责任人追偿。

第八十六条　建筑物、构筑物或者其他设施倒塌造成他人损害的，由建设单位与施工单位承担连带责任。建设单位、施工单位赔偿后，有其他责任人的，有权向其他责任人追偿。

因其他责任人的原因，建筑物、构筑物或者其他设施倒塌造成他人损害的，由其他责任人承担侵权责任。

《中华人民共和国道路交通安全法》

第七十六条　机动车发生交通事故造成人身伤亡、财产损失的，由保险公司在机动车第三者责任强制保险责任限额范围内予以赔偿；不足的部分，按照下列规定承担赔偿责任：

（一）机动车之间发生交通事故的，由有过错的一方承担赔偿责任；双方都有过错的，按照各自过错的比例分担责任。

（二）机动车与非机动车驾驶人、行人之间发生交通事故，非机动车驾驶人、行人没有过错的，由机动车一方承担赔偿责任；有证据证明非机动车驾驶人、行人有过错的，根据过错程度适当减轻机动车一方的赔偿责任；机动车一方没有过错的，承担不超过百分之十的赔偿责任。

交通事故的损失是由非机动车驾驶人、行人故意碰撞机动车造成的，机动车一方不承担赔偿责任。

第七十七条　车辆在道路以外通行时发生的事故，公安机关交通管理部门接到报案的，参照本法有关规定办理。

第一百零一条　违反道路交通安全法律、法规的规定，发生重大交通事故，构成犯罪的，依法追究刑事责任，并由公安机关交通管理部门吊销机动车驾驶证。

造成交通事故后逃逸的，由公安机关交通管理部门吊销机动车驾驶证，且终生不得重新取得机动车驾驶证。

《中华人民共和国治安管理处罚法》

第六十四条　有下列行为之一的，处五百元以上一千元以下罚款；情节严重的，处十日以上十五日以下拘留，并处五百元以上一千元以下罚款：偷开他人机动车的。

《中华人民共和国道路交通安全法实施条例》

第九十二条　发生交通事故后当事人逃逸的，逃逸的当事人承担全部责任。但是，有证据证明对方当事人也有过错的，可以减轻责任。当事人故意破坏、伪造现场、毁灭证据的，承担全部责任。

40 在电力线路下方进行作业，造成设备损坏或人身触电损害的，供电企业应如何处理？

问题描述 在电力线路下方进行塔吊（包括吊车）、造房、种树等作业，有可能造成人身触电及线路跳闸等损害后果。若发生此类损害后果，供电企业应如何维护自身权益？

法律解析 《中华人民共和国电力法》第五十三条第二条规定："任何单位和个人不得在依法划定的电力设施保护区内修建可能危及电力设施安全的建筑物、构筑物，不得种植可能危及电力设施安全的植物，不得堆放可能危及电力设施安全的物品。"《电力设施保护条例》第十七条规定："任何单位或个人必须经县级以上地方电力管理部门批准，并采取安全措施后，方可进行下列作业或活动：（一）在架空电力线路保护区内进行农田水利基本建设工程及打桩、钻探、开挖等作业；（二）起重机械的任何部位进入架空电力线路保护区进行施工。"可见，在电力设施保护区范围内建房、种树是我国法律禁止的行为，塔吊（包括吊车）在电力设施保护范围内进行施工作业，必须履行审批手续，并采取安全措施。

法律禁止的上述行为造成人身触电及线路跳闸等损害后果的，违法行为人应当承担侵权责任。对于塔吊（包括吊车）在电力设施保护范围内擅自进行施工作业，且未采取安全措施，造成人身触电及线路跳闸等损害后果的，施工人应当依法承担侵权责任。对于上述侵权行为造成供电企业以外的受害人损失，该受害人请求供电企业承担赔偿责任的，供电企业应当积极收集、固定证据并进行抗辩。供电企业自身因上述违法行为造成损害的，可依据侵权责任法向违法行为人进行索赔。但需明确的是，如果是高压电触电造成他人人身损害的，除了违法建房、种树者、违法施工作业者承担民事责任外，因高度危险作业实行无过错归责，供电企业作为电力经营者仍需承担一定的民事责任。

特别需要指出的是，实务中发现一些电力设施保护区内违法建房、种树长达数年之久，而供电企业没有采取任何形式的制止措施，或者没有任何证据证明已经采取过制止措施，从而在触电事故的侵权诉讼中被人民法院认定为主观上对损害后果的发生存在过错，所以，供电企业除了在事故发生后维权外，更应注重事前的防范。

相关法律条文 ➤➤➤

《中华人民共和国电力法》

第五十三条　电力管理部门应当按照国务院有关电力设施保护的规定，对电力设施保护区设立标志。

任何单位和个人不得在依法划定的电力设施保护区内修建可能危及电力设施安

全的建筑物、构筑物，不得种植可能危及电力设施安全的植物，不得堆放可能危及电力设施安全的物品。

在依法划定电力设施保护区前已经种植的植物妨碍电力设施安全的，应当修剪或者砍伐。

第六十条　因电力运行事故给用户或者第三人造成损害的，供电企业应当依法承担赔偿责任。

电力运行事故由下列原因之一造成的，供电企业不承担赔偿责任：

（一）不可抗力；

（二）用户自身的过错。

因用户或者第三人的过错给供电企业或者其他用户造成损害的，该用户或者第三人应当依法承担赔偿责任。

《电力设施保护条例》

第十五条　任何单位或个人在架空电力线路保护区内，必须遵守下列规定：

（一）不得堆放谷物、草料、垃圾、矿渣、易燃物、易爆物及其他影响安全供电的物品；

（二）不得烧窑、烧荒；

（三）不得兴建建筑物、构筑物；

（四）不得种植可能危及电力设施安全的植物。

第十七条　任何单位或个人必须经县级以上地方电力管理部门批准，并采取安全措施后，方可进行下列作业或活动：

（一）在架空电力线路保护区内进行农田水利基本建设工程及打桩、钻探、开挖等作业；

（二）起重机械的任何部位进入架空电力线路保护区进行施工；

（三）小于导线距穿越物体之间的安全距离，通过架空电力线路保护区；

（四）在电力电缆线路保护区内进行作业。

《浙江省电网设施建设保护和供用电秩序维护条例》

第二十一条　电网设施所有人或者管理人发现电力线路保护区内的植物与电力线路导线的间距小于安全距离的，应当告知植物所有人或者管理人在五日内予以修剪；植物所有人或者管理人逾期未修剪的，电网设施所有人或者管理人可以进行修剪。

电网设施建设单位在电网设施建设过程中未对植物所有人或者管理人给予本条例第九条规定的补偿的，对于本条前款规定的植物修剪，电网设施所有人或者管理人应当给予植物所有人或者管理人相应补偿。

41 车辆撞断了路边的电杆，导致供电线路损坏，供电企业应如何处理？

问题描述 车辆撞断了路边的供电线路的电杆，导致供电线路损坏。发生后如何维护供电企业权益？

法律解析 肇事车辆撞断供电线路的电杆导致供电线路损坏，应当根据《中华人民共和国道路交通安全法》的规定，由公安机关交通管理部门做出事故责任认定。供电线路损坏一方面会产生线路抢修费用的损失，另一方面会造成用户的停电损失。

对于供电企业的抢修费用损失，肇事车辆投保交强险和商业第三者责任保险的，可以将保险公司作为共同被告起诉至法院请求赔偿。对于供电企业的营业收入损失，涉及损失计算及举证的困难。《中华人民共和国侵权责任法》第十九条规定："侵害他人财产的，财产损失按照损失发生时的市场价格或者其他方式计算。"此时，可以委托有司法鉴定资格的鉴定机构对供电企业的营业收入进行鉴定和评估。

对于供电线路损坏停电造成的用户经济损失，用户可以根据《中华人民共和国侵权责任法》的规定直接向肇事车辆索赔。由于供电企业与用户之间是供用电合同关系，用户考虑到肇事车辆的赔偿能力，很可能不直接向侵权人进行索赔，转而依据《中华人民共和国合同法》第一百二十一条"当事人一方因第三人的原因造成违约的，应当向对方承担违约责任。当事人一方和第三人之间的纠纷，依照法律规定或者按照约定解决"的规定，直接向供电企业索赔。此时，供电企业应当以《中华人民共和国电力法》第六十条第三款的规定进行积极抗辩。如果供电企业向用户进行了赔偿或被人民法院判决承担赔偿责任的，供电企业在赔偿之后可以要求侵权人对该部分损失进行赔偿。

相关法律条文

《中华人民共和国道路交通安全法》

第七十三条 公安机关交通管理部门应当根据交通事故现场勘验、检查、调查情况和有关的检验、鉴定结论，及时制作交通事故认定书，作为处理交通事故的证据。交通事故认定书应当载明交通事故的基本事实、成因和当事人的责任，并送达当事人。

第七十六条 机动车发生交通事故造成人身伤亡、财产损失的，由保险公司在机动车第三者责任强制保险责任限额范围内予以赔偿；不足的部分，按照下列规定承担赔偿责任：

（一）机动车之间发生交通事故的，由有过错的一方承担赔偿责任；双方都有过错的，按照各自过错的比例分担责任。

（二）机动车与非机动车驾驶人、行人之间发生交通事故，非机动车驾驶人、行人没有过错的，由机动车一方承担赔偿责任；有证据证明非机动车驾驶人、行人有过错的，根据过错程度适当减轻机动车一方的赔偿责任；机动车一方没有过错的，承担不超过百分之十的赔偿责任。

交通事故的损失是由非机动车驾驶人、行人故意碰撞机动车造成的，机动车一方不承担赔偿责任。

《中华人民共和国合同法》

第一百二十一条 当事人一方因第三人的原因造成违约的，应当向对方承担违约责任。当事人一方和第三人之间的纠纷，依照法律规定或者按照约定解决。

《中华人民共和国侵权责任法》

第三条 被侵权人有权请求侵权人承担侵权责任。

第十九条 侵害他人财产的，财产损失按照损失发生时的市场价格或者其他方式计算。

第二十八条 损害是因第三人造成的，第三人应当承担侵权责任。

《中华人民共和国电力法》

第五十九条 供电企业或者用户违反供用电合同，给对方造成损失的，应当依法承担赔偿责任。

供电企业违反本法第二十八条、第二十九条 第一款的规定，未保证供电质量或者未事先通知用户中断供电，给用户造成损失的，应当依法承担赔偿责任。

第六十条 因电力运行事故给用户或者第三人造成损害的，供电企业应当依法承担赔偿责任。

电力运行事故由下列原因之一造成的，供电企业不承担赔偿责任：

（一）不可抗力；

（二）用户自身的过错。

因用户或者第三人的过错给供电企业或者其他用户造成损害的，该用户或者第三人应当依法承担赔偿责任。

42 破坏电力设备达到何种程度可以追究当事人刑事责任？

问题描述 破坏电力设备达到何种程度可以追究当事人刑事责任？

法律解析 破坏电力设备罪是指故意破坏电力设备、危害公共安全尚未造成严重后果或者已经造成严重后果的行为。本罪侵犯的对象是正在使用的电力设备，包括用来发电、供电的公共设备，如电厂、变压器、输电设备等。破坏电力设备罪的方法多种多样，如毁坏、拆卸、割断等。行为人实施上述破坏电力设备的行为，必须是危害公共安全，即有可能引起不特定多数人伤亡或者使公私财产遭受重大损失或者使生产、生活秩序受到严重影响的，才能构成本罪。犯罪的主体是一般主体。犯罪的主观方面是由故意构成，即行为人明知其破坏电力设备的行为会发生危害社会公共安全的后果，并且希望或者放任这一结果的发生。

尚未安装完毕的农用低压照明电线路，不属于正在使用中的电力设备。行为人即使盗走其中架设好的部分的电线，也不致对公共安全造成危害，其行为应以盗窃定性。已经通电使用，只是由于枯水季节或电力不足等原因，而暂停供电的线路，仍应认为是正在使用的线路。行为人偷割这类线路中的电线，如果构成犯罪，应按破坏电力设备罪追究其刑事责任。对偷割已经安装完毕，但还未供电的电力线路的行为，应分别不同情况处理：①如偷割的是未正式交付供电企业使用的线路，应按盗窃案件处理。②如行为人明知线路已交付供电企业使用而偷割电线的，应定为破坏电力设备罪。③对拆盗某些排灌站、加工厂等生产单位正在使用中的电机设备等，没有危及社会公共安全但应当追究刑事责任的，可以根据案件的不同情况，按盗窃罪、破坏集体生产罪或者故意毁坏公私财物罪处理。

相关法律条文

《中华人民共和国刑法》

第一百一十八条 破坏电力、燃气或者其他易燃易爆设备，危害公共安全，尚未造成严重后果的，处三年以上十年以下有期徒刑。

第一百一十九条 破坏交通工具、交通设施、电力设备、燃气设备、易燃易爆设备，造成严重后果的，处十年以上有期徒刑、无期徒刑或者死刑。

过失犯前款罪的，处三年以上七年以下有期徒刑；情节较轻的，处三年以下有期徒刑或者拘役。

最高人民检察院《关于破坏电力设备罪几个问题的批复》（高检研发字〔1986〕第 16 号）

1. 尚未安装完毕的农用低压照明电线路，不属于正在使用中的电力设备。行为人即使盗走其中架设好的部分的电线，也不致对公共安全造成危害，其行为应以盗窃定性。

2. 已经通电使用，只是由于枯水季节或电力不足等原因，而暂停供电的线路，仍应认为是正在使用的线路。行为人偷割这类线路中的电线，如果构成犯罪，应按破坏电力设备罪追究其刑事责任。

3. 对偷割已经安装完毕，但还未供电的电力线路的行为，应分别不同情况处理。如果偷割的是未正式交付供电企业使用的线路，应按盗窃案件处理。如果行为人明知线路已交付供电企业使用而偷割电线的，应定为破坏电力设备罪。

最高人民法院《关于破坏生产单位正在使用的电动机是否构成破坏电力设备罪问题的批复》（公发〔1993〕241 号）

对拆盗某些排灌站、加工厂等生产单位正在使用中的电机设备等，没有危及社会公共安全，但应当追究刑事责任的，可以根据案件的不同情况，按盗窃罪、破坏集体生产罪或者故意毁坏公私财物罪处理。

最高人民法院、最高人民检察院、公安部《关于严厉打击盗窃、破坏铁路、油田、电力、通信等器材设备的犯罪活动的通知》（公发〔1993〕10 号）

一、要以高度的责任感、紧迫感，认真开展严厉打击盗窃、破坏铁路、油田、电力、通信等器材设备违法犯罪活动的斗争。各级公、检、法机关务必高度重视，把此项工作列入重要议事日程，密切配合，共同采取果断措施，坚决打击盗窃、破坏铁路、油田、电力、通信等器材设备的违法犯罪活动，整顿废旧金属收购站、点，堵塞收赃、销赃渠道，遏制这类违法犯罪活动的蔓延。

二、加强侦查破案，依法从重从快惩处犯罪分子。公安机关对发生的此类案件要及时立案，迅速侦破；同时要通过清理整顿废旧金属收购业，及时发现可疑线索，深挖犯罪团伙。对查获的犯罪分子，只要基本事实清楚，基本证据确凿，公安机关要及时移送检察机关，检察机关要及时批捕、起诉，人民法院要依法从重从快判处。凡盗窃、破坏正在使用中的电力设备的，应以破坏电力设备罪追究刑事责任；盗窃、破坏铁路线路上的器材或者行车设施的零件、部件，危及行车安全的，应以破坏交通设施罪追究刑事责任；盗窃、破坏正在使用中的油田机器设备的，应以破坏易燃易爆设备罪追究刑事责任；盗窃通信设备价值数额不大，但危害公共安全已构成破坏通信设备罪的，或者盗窃通信设备造成严重后果的，应以破坏通信设备罪追究刑事责任；

盗窃通信设备情节特别严重，罪该判处无期徒刑或者死刑的，依照《全国人民代表大会常务委员会关于严惩严重破坏经济的罪犯的决定》第一条第（一）项的规定，以盗窃罪处罚。处理这类案件，要防止处罚偏轻的现象，更不得以治安处罚代替刑事制裁。

最高人民法院《关于审理破坏电力设备刑事案件具体应用法律若干问题的解释法释》（〔2007〕15号）

第一条 破坏电力设备，具有下列情形之一的，属于刑法第一百一十九条第一款规定的"造成严重后果"，以破坏电力设备罪判处十年以上有期徒刑、无期徒刑或者死刑：

（一）造成一人以上死亡、三人以上重伤或者十人以上轻伤的；

（二）造成一万以上用户电力供应中断六小时以上，致使生产、生活受到严重影响的；

（三）造成直接经济损失一百万元以上的；

（四）造成其他危害公共安全严重后果的。

第二条 过失损坏电力设备，造成本解释第一条规定的严重后果的，依照刑法第一百一十九条第二款的规定，以过失损坏电力设备罪判处三年以上七年以下有期徒刑；情节较轻的，处三年以下有期徒刑或者拘役。

43 某小学生未注意电杆拉线，被其绊倒摔伤，供电企业应如何处理？

问题描述 某学校附近人行道路上有电杆拉线（受场地限制而设在此处，但符合设计标准），投运时拉线装有警示套管，某小学生经过时未注意拉线，导致被拉线绊倒摔伤，供电企业是否应承担法律责任？如拉线警示套管为投运时设置，事发时已损坏或缺失的，应如何处理？

法律解析 电杆拉线设在人行道上，对行人而言，电杆拉线的设置开启了危险源，供电企业应当对其电杆拉线负有较高的注意义务，违反该义务则被认定为有过错，对损害后果的发生应当承担民事赔偿责任。

民法上的"注意义务"，就是行为人在做出某种行为时，应能预见到自己的行为可能产生的某种损害后果，并且做好防范措施，避免损害后果的发生。学校附近人行道是人员密集进出的行人通道，应当尽量避免在此处设置电杆拉线。问题中提到因场地限制，为了保障供电需要，进行利益衡量后，才在此处设置电杆及其拉线。而行人密集通过的场所稍不注意便会导致拉线绊倒行人造成人身损害事件的发生，供电企业应当设置符合规范标准的警示标志。在有警示标志的情况下，受害人由于自己的过错导致人身损害，且供电企业无其他过错的，供电企业不承担赔偿责任。

警示标志设置后有可能因自然原因或人为原因损坏，但无论是何种原因损坏，作为供电企业对自己的电杆拉线负有维护管理义务，在事发时警示标志缺失或损坏，供电企业应当对自己维护管理义务不到位的过失承担民事责任。如果有证据证明事发前警示标志被第三人损坏的，则第三人对因此发生的人身损害承担民事责任。

相关法律条文 ▶▶

《中华人民共和国侵权责任法》

第六条　行为人因过错侵害他人民事权益，应当承担侵权责任。

根据法律规定推定行为人有过错，行为人不能证明自己没有过错的，应当承担侵权责任。

第二十八条　损害是因第三人造成的，第三人应当承担侵权责任。

44 原符合标准的路中电线杆，发生车辆碰电线杆的交通事故后，供电企业应如何处理？

问题描述 因城市道路改造和场地限制，部分原本符合标准的电线杆立在了道路中间，短期内无法迁改，电线杆涂有警示标志、设有安全围栏，但撞杆类交通事故仍时有发生。此种情形，供电企业是否应承担法律责任？

法律解析《电力设施保护条例》第二十二条规定，公用工程、城市绿化和其他工程在新建、改建中妨碍电力设施时，或电力设施在新建、改建或扩建中妨碍公用工程、城市绿化和其他工程时，双方有关单位须按照本条例和国家有关规定协商，就迁移采取必要的防护措施和补偿问题达成协议后方可施工。

城市道路改造之前，城市道路管理者未就此问题与电力设施的产权人（供电企业）进行协商，并先行迁移所涉电线杆，造成施工后电线杆所在位置相应"位移"，致使道路有了安全隐患，城市道路的管理者存在过错，应承担相应的民事责任。供电企业作为电力设施产权人对其所有的电力设施承担检查、维护、管理义务。所涉电线杆原有位置不在道路中间，由于违反规定施工而造成电线杆位于道路中间，此种情况下，供电企业在电线杆上设置了明显警示标志线，已对不特定的道路通行者尽到相应的警示义务，如仍发生撞杆事故，可以不承担民事责任。

需要指出的是，供电企业作为电线杆的所有人，在城市道路拓宽时，应当积极与城市道路管理者以及政府主管部门联系，妥当处理设施妨碍问题。短期内确因客观原因无法解决电线杆迁移的，应当与公安交通警察部门积极联系，使公安交通警察部门认可现状的合法性，并设置必要的交通标志和警示标志，有效警示道路交通参与者。在处理交通事故认定和损害赔偿纠纷中，供电企业应当注意收集提供电线杆设置合法和在先的证据，以及城市道路拓宽前后电线杆状况的证据。

相关法律条文 >>

《中华人民共和国侵权责任法》

第六条 行为人因过错侵害他人民事权益，应当承担侵权责任。

根据法律规定推定行为人有过错，行为人不能证明自己没有过错的，应当承担侵权责任。

《电力设施保护条例》

第二十二条 公用工程、城市绿化和其他工程在新建、改建中妨碍电力设施时，或电力设施在新建、改建或扩建中妨碍公用工程、城市绿化和其他工程时，双方有关单位须按照本条例和国家有关规定协商，就迁移采取必要的防护措施和补偿问题达成协议后方可施工。

45 建设单位、施工单位和劳务分包单位在施工过程中，破坏了电力设施的，供电企业应如何处理？

问题描述 供电企业某高压电缆遭某工地施工单位委托的劳务分包单位施工人员外力破坏，供电企业应向建设单位、施工单位和劳务分包单位中哪个单位提出侵权赔偿？

法律解析 劳务分包单位的施工人员在施工过程中损坏电缆，该施工人员是侵权行为人。因该施工人员是执行劳务分包单位的工作任务，应当由劳务分包单位承担替代责任，故劳务分包单位是侵权责任人。

作为施工单位的承包人是否应当承担民事责任？这需要进一步明确承包人与劳务分包人之间的法律关系。审查劳务分包人是否具有相应的资质和安全生产条件，承包人对劳务分包人告知了施工场所的相关地下管线资料，是否采取了有效措施防止安全生产事故的发生。即，承包人对损害后果的发生有过错的，也应当承担民事责任。

就建设单位而言，《中华人民共和国建筑法》第四十条规定："建设单位应当向建筑施工企业提供与施工现场相关的地下管线资料，建筑施工企业应当采取措施加以保护。"《中华人民共和国电力法》第五十二条第二款规定："在电力设施周围进行爆破及其他可能危及电力设施安全的作业的，应当按照国务院有关电力设施保护的规定，经批准并采取确保电力设施安全的措施后，方可进行作业。"如果建设单位违反上述规定可以认定其对损害后果的发生也存在一定的过错，应当承担相应的民事责任。

综上所述，供电企业电缆遭施工单位委托的劳务分包单位施工人员外力破坏造成损失的，供电企业一般应向劳务分包单位索赔，建设单位、施工单位有过错的，可以要求建设单位、施工单位承担相应的赔偿责任。

相关法律条文 >>>

《中华人民共和国侵权责任法》
第三条 被侵权人有权请求侵权人承担侵权责任。
第六条 行为人因过错侵害他人民事权益，应当承担侵权责任。
根据法律规定推定行为人有过错，行为人不能证明自己没有过错的，应当承担侵权责任。
第三十四条 用人单位的工作人员因执行工作任务造成他人损害的，由用人单位承担侵权责任。

劳务派遣期间，被派遣的工作人员因执行工作任务造成他人损害的，由接受劳务派遣的用工单位承担侵权责任；劳务派遣单位有过错的，承担相应的补充责任。

《中华人民共和国建筑法》

第四十条　建设单位应当向建筑施工企业提供与施工现场相关的地下管线资料，建筑施工企业应当采取措施加以保护。

第四十四条　第一款　建筑施工企业必须依法加强对建筑安全生产的管理，执行安全生产责任制度，采取有效措施，防止伤亡和其他安全生产事故的发生。

《中华人民共和国电力法》

第五十二条　第二款　在电力设施周围进行爆破及其他可能危及电力设施安全的作业的，应当按照国务院有关电力设施保护的规定，经批准并采取确保电力设施安全的措施后，方可进行作业。

第五十四条　任何单位和个人需要在依法划定的电力设施保护区内进行可能危及电力设施安全的作业时，应当经电力管理部门批准并采取安全措施后，方可进行作业。

《电力设施保护条例》

第十七条　任何单位或个人必须经县级以上地方电力管理部门批准，并采取安全措施后，方可进行下列作业或活动：（四）在电力电缆线路保护区内进行作业。

第三章
工 程 施 工

46 村民阻挠现场施工的，供电企业应如何处理？

问题描述 某配电网工程建设期间，村民要求对立杆及架线过程中损害的青苗及树枝、树叶赔付费用（该费用远超赔偿标准），不赔偿则阻挠现场施工，应如何处理？

法律解析 供电企业依法进行电网建设受国家法律保护。电力线路保护区内已有的植物确需予以修剪、采伐的，电网设施建设单位应当给予植物所有人或管理人相应补偿，对于补偿范围以外，在施工过程中因供电企业过错造成村民青苗及树木损害的，应当予以赔偿。赔偿标准可以通过双方协商确定，协商不成的，可以共同委托评估机构进行评估鉴定。为了及时妥善处理纠纷和争议，电网设施建设单位或施工单位可以请求当地村民委员会或当地乡镇人民政府设立的人民调解委员会进行调解处理。

实践中，村民超高要价的情形时有发生，对于明显的无理要求，电网设施建设单位或施工单位应当拒绝，并告知村民可以通过法律途径解决。村民为了获取不当利益，拒绝通过法律途径解决，采取极端做法阻挠现场施工的，电网设施建设单位或施工单位可以向当地公安机关报案，由公安机关依照《中华人民共和国治安管理处罚法》进行立案查处。

需要指出的是，村民提出无理要求，在电网设施建设单位或施工单位未满足其无理要求的情形下，通过毁损财产或其他方法造成电网设施建设单位或施工单位损失的，电网设施建设单位或施工单位可以提起侵权之诉进行索赔；情节严重涉嫌刑事犯罪的，可以向公安机关报案要求追究其刑事责任。

相关法律条文

《中华人民共和国治安管理处罚法》

第二十三条 有下列行为之一的，处警告或者二百元以下罚款；情节较重的，处五日以上十日以下拘留，可以并处五百元以下罚款：

（一）扰乱机关、团体、企业、事业单位秩序，致使工作、生产、营业、医疗、教学、科研不能正常进行，尚未造成严重损失的；

（二）扰乱车站、港口、码头、机场、商场、公园、展览馆或者其他公共场所秩序的；

（三）扰乱公共汽车、电车、火车、船舶、航空器或者其他公共交通工具上的秩序的；

（四）非法拦截或者强登、扒乘机动车、船舶、航空器以及其他交通工具，影响交通工具正常行驶的；

（五）破坏依法进行的选举秩序的。

聚众实施前款行为的，对首要分子处十日以上十五日以下拘留，可以并处一千元以下罚款。

《浙江省电网设施建设保护和供用电秩序维护条例》

第九条 电网设施建设项目取得建设工程规划许可后，县级以上人民政府经济和信息化主管部门应当根据建设工程规划许可，对依照本条例第十七条规定需要确定的电力线路保护区予以公告。

公告前电力线路保护区内已有的植物，确需予以修剪、采伐的，电网设施建设单位应当给予植物所有人或者管理人相应补偿，并就已修剪植物可能危及电网设施安全时的再次修剪义务，以及不再在保护区内种植可能危及电网设施安全的植物等事项，与该植物所有人或者管理人签订协议。

电网设施建设中需要采伐林木的，应当依法办理林木采伐许可手续。

第十六条 任何单位和个人不得实施下列危害电网设施建设的行为：

（一）非法侵占因电网设施建设已被依法征收或者征用的土地；

（二）损坏或者擅自移动、涂改、拔除与电网设施建设相关的测量标志；

（三）破坏、封堵施工道路，截断施工水源、电源、通讯网络等；

（四）破坏在建电网设施；

（五）法律、法规规定的其他危害电网设施建设的行为。

47 架空电力线路跨越他人房屋时，供电企业应如何处理？

问题描述 在架空电力线路施工中，常有跨越他人房屋架线的情况，如因屋主不满而引起纷争，该如何处理？

法律解析 架空电力线路施工时跨越他人房屋架线往往会引起相邻妨害纠纷。房屋所有权人一般会以安全、辐射以及影响今后房屋改／扩建为由与电力设施建设单位或施工单位交涉。所以，架空电力线路建设一定要获得合法的审批或许可手续（如规划、环境保护类等），同时严格执行法律法规和技术规范的规定。

根据《浙江省电网设施建设保护和供用电秩序维护条例》第十三条第一款的规定："新建500千伏以上架空电力线路不得跨越居民住宅和危及线路安全的建筑物、构筑物；确需跨越的，设区的市、县（市、区）人民政府应当依法予以征收并给予补偿。"也就是说，新建500千伏以上架空电力线路确需跨越房屋的，应当由设区的市、县（市、区）人民政府依法征收并给予补偿。

根据《浙江省电网设施建设保护和供用电秩序维护条例》第十三条第二款的规定："新建220千伏以下架空线路需要跨越居民住宅或者危及线路安全的建筑物、构筑物的，电网设施建设单位应当按照国家相关技术规范采取安全措施，确保跨越安全距离，并根据建筑物、构筑物实际损失情况给予相应补偿；无法达到安全距离的，设区的市、县（市、区）人民政府应当依法予以征收并给予补偿"，结合《电力设施保护条例实施细则》第十五条的规定："架空电力线路一般不得跨越房屋，新建220千伏以下架空线路确需跨越的，与有关部门达成协议或取得当地政府同意，同时采取技术措施确保安全距离，并根据建筑物、构筑物实际损失情况给予相关补偿。无法达到安全距离的，应当实施征收补偿程序。"

相关法律条文 ▶▶▶

《浙江省电网设施建设保护和供用电秩序维护条例》

第十三条 新建500千伏以上架空电力线路不得跨越居民住宅和危及线路安全的建筑物、构筑物；确需跨越的，设区的市、县（市、区）人民政府应当依法予以征收并给予补偿。

新建220千伏以下架空线路需要跨越居民住宅或者危及线路安全的建筑物、构筑物的，电网设施建设单位应当按照国家相关技术规范采取安全措施，确保跨越安全距离，并根据建筑物、构筑物实际损失情况给予相应补偿；无法达到安全距离的，设区的市、县（市、区）人民政府应当依法予以征收并给予补偿。

《电力设施保护条例实施细则》

第十五条 架空电力线路一般不得跨越房屋。对架空电力线路通道内的原有房屋，架空电力线路建设单位应当与房屋产权所有者协商搬迁，拆迁费不得超出国家规定标准；特殊情况需要跨越房屋时，设计单位应当采取增加杆塔高度、缩短档距等安全措施，以保证被跨越房屋的安全。被跨越房屋不得再行增加高度。超越房屋的物体高度或房屋周边延伸出的物体长度必须符合安全距离的要求。

48 施工过程中，发现种植的苗木伸长过界，供电企业应如何处理？

问题描述　变电站围墙外农户苗木根系生长进入变电站用地红线范围，变电站土建施工开挖造成红线内苗木根系损伤，应如何处理？

法律解析　在相邻的土地之间，所种植的苗木生长侵入邻地的界限，极易引发争执。相邻土地的权利人基于对其土地的使用、收益等权利，得以在自己土地界限内任意种植苗木，但土地有界限，权利也有限制，如苗木根系生长越过界限并影响他人土地利用的，则妨碍了相邻土地权利人自由行使其土地权益，实际上是对他人物权完整性的破坏，其性质应为侵权。另外，由于越界苗木根系妨碍了相邻土地的利用，权利人可依据物权请求权或者侵权责任直接请求对方排除妨碍，在合理期限内切除越界根系。如苗木所有人逾期不切除越界根系的，受侵害方可自行切除根系，并可向其请求支付因此产生的费用。如越界苗木根系还造成其他损失的（如破坏建筑物），则还应赔偿相应的损失。

需要指出的是，当变电站土地权利人或施工人通知苗木所有人或管理人后，苗木所有人或管理人拒绝采取合理必要措施的，施工人应对继续进行施工可能产生的法律后果和风险进行必要的评估，在权衡利益后决定继续施工的，尽可能采取对苗木损害较小的方式进行施工作业。一般而言，施工过程中因苗木根系越界而对根系进行处理，不太可能对苗木生长造成实质性损害，且施工人已尽通知和谨慎施工义务，而苗木所有人或管理人拒不采取必要措施的情况下，不应当支持其赔偿请求。

相关法律条文

《中华人民共和国物权法》

第三十五条　妨害物权或者可能妨害物权的，权利人可以请求排除妨害或者消除危险。

第三十七条　侵害物权，造成权利人损害的，权利人可以请求损害赔偿，也可以请求承担其他民事责任。

第一百三十五条　建设用地使用权人依法对国家所有的土地享有占有、使用和收益的权利，有权利用该土地建造建筑物、构筑物及其附属设施。

49 应如何设置临时电力施工警示标志？

问题描述 某些电力施工中遇到交叉跨越或临近公路，会在施工地段两侧设置临时警示标志，但公路政执法部门指出这些电力施工临时警示遮拦和路牌的设置妨碍通行，要求撤除；而交警部门则提出电力临时警示路牌应仿照道路施工单位设置的路牌，加设导向箭头等。电力施工的公路警示标志应如何规范设置？

法律解析 电力施工过程中需要占用公路或在公路上设置警示标志，应当遵守我国《中华人民共和国公路法》《中华人民共和国道路交通安全法》的规定。《中华人民共和国道路交通安全法》第三十二条规定："因工程建设需要占用、挖掘道路，或者跨越、穿越道路架设、增设管线设施，应当事先征得道路主管部门的同意；影响交通安全的，还应当征得公安机关交通管理部门的同意。"根据该规定，电力施工占用公路应当事先征得公路主管部门的同意；影响交通安全的，应当征得公安机关交通管理部门的同意。《中华人民共和国道路交通安全法》第三十二条第二款规定："施工作业单位应当在经批准的路段和时间内施工作业，并在距离施工作业地点来车方向安全距离处设置明显的安全警示标志，采取防护措施；施工作业完毕，应当迅速清除道路上的障碍物，消除安全隐患，经道路主管部门和公安机关交通管理部门验收合格，符合通行要求后，方可恢复通行。"根据该规定，电力施工占用公路应当在距离施工作业地点来车方向安全距离处设置明显的安全警示标志，采取防护措施。

同时，《中华人民共和国公路法》第五十四条规定："任何单位和个人未经县级以上地方人民政府交通主管部门批准，不得在公路用地范围内设置公路标志以外的其他标志。"根据该规定，在公路上设置警示标志应当经县级以上交通主管部门批准。

相关法律条文

《中华人民共和国公路法》

第四十四条 任何单位和个人不得擅自占用、挖掘公路。因修建铁路、机场、电站、通信设施、水利工程和进行其他建设工程需要占用、挖掘公路或者使公路改线的，建设单位应当事先征得有关交通主管部门的同意；影响交通安全的，还须征得有关公安机关的同意。占用、挖掘公路或者使公路改线的，建设单位应当按照不低于该段公路原有的技术标准予以修复、改建或者给予相应的经济补偿。

第五十四条 任何单位和个人未经县级以上地方人民政府交通主管部门批准，不得在公路用地范围内设置公路标志以外的其他标志。

第七十九条　违反本法第五十四条规定，在公路用地范围内设置公路标志以外的其他标志的，由交通主管部门责令限期拆除，可以处二万元以下的罚款；逾期不拆除的，由交通主管部门拆除，有关费用由设置者负担。

《中华人民共和国道路交通安全法》

第三十二条　因工程建设需要占用、挖掘道路，或者跨越、穿越道路架设、增设管线设施，应当事先征得道路主管部门的同意；影响交通安全的，还应当征得公安机关交通管理部门的同意。

施工作业单位应当在经批准的路段和时间内施工作业，并在距离施工作业地点来车方向安全距离处设置明显的安全警示标志，采取防护措施；施工作业完毕，应当迅速清除道路上的障碍物，消除安全隐患，经道路主管部门和公安机关交通管理部门验收合格，符合通行要求后，方可恢复通行。

对未中断交通的施工作业道路，公安机关交通管理部门应当加强交通安全监督检查，维护道路交通秩序。

第一百零四条　未经批准，擅自挖掘道路、占用道路施工或者从事其他影响道路交通安全活动的，由道路主管部门责令停止违法行为，并恢复原状，可以依法给予罚款；致使通行的人员、车辆及其他财产遭受损失的，依法承担赔偿责任。

有前款行为，影响道路交通安全活动的，公安机关交通管理部门可以责令停止违法行为，迅速恢复交通。

50 电力施工的警示标志设置规范，但有人越过围栏、障碍物等引起人身伤亡，供电企业应如何处理？

问题描述 某电缆施工作业时，施工人员按规定设置了相应安全标志、围栏等。夜间工作间断，工作人员撤离现场后，有人越过围栏跌落受伤，供电企业是否要负赔偿责任？

法律解析 在公共场所或道路上从事电缆施工作业，他人进入施工场所造成伤害的，属于特殊侵权。根据《中华人民共和国侵权责任法》第九十一条的规定，该种侵权行为的特点主要有：侵权行为是地面施工没有设置明显标志和采取安全措施的不作为行为；侵权行为造成的损害后果是施工人违背其应有的注意义务所致；侵权行为的责任主体是施工人。

《中华人民共和国侵权责任法》第九十一条规定的侵权责任，实行过错推定原则。换而言之，如果施工人员不能证明自己已经设置明显的标志和采取安全措施的，应当承担侵权责任。问题中提到，电力施工的警示标志设置规范，且已采取围栏和设置障碍物等安全措施，故该类情形下应该认定施工人对损害后果的发生没有过错。

当施工人员对损害后果的发生没有过错，损害后果是受害人自己的重大过失所致时，施工人员不应当承担侵权责任。关于这一点，《中华人民共和国侵权责任法》第七十六条也有所规定。《中华人民共和国侵权责任法》第七十六条规定："未经许可进入高度危险活动区域或者高度危险物存放区域受到损害，管理人已经采取安全措施并尽到警示义务的，可以减轻或者不承担责任。"从该条分析可以发现，未经许可进入高度危险活动区域或者高度危险物存放区域受到损害，管理人已经采取安全措施并尽到警示义务的尚且不承担责任，而电缆施工场所并不属于高度危险活动区域或者高度危险物存放区域，施工人在设置明显标志和采取安全措施的情形下，更不应该承担民事责任。

需要指出的是，民事审判中法官可能会对标志是否明显以及安全措施是否到位的事实进行裁量认定，所以在标志设置方面应当遵守国家标准的要求。在道路上设置施工作业标志还应根据《中华人民共和国公路法》《中华人民共和国道路交通安全法》，向道路主管部门和公安机关交通管理部门提出申请并获得批准和同意。

《中华人民共和国侵权责任法》

第六条 行为人因过错侵害他人民事权益，应当承担侵权责任。

根据法律规定推定行为人有过错，行为人不能证明自己没有过错的，应当承担侵权责任。

第七十六条 未经许可进入高度危险活动区域或者高度危险物存放区域受到损害，管理人已经采取安全措施并尽到警示义务的，可以减轻或者不承担责任。

第九十一条 在公共场所或者道路上挖坑、修缮安装地下设施等，没有设置明显标志和采取安全措施造成他人损害的，施工人应当承担侵权责任。

窨井等地下设施造成他人损害，管理人不能证明尽到管理职责的，应当承担侵权责任。

51 用户受电工程建设使用的材料规格与图纸不一致时，供电企业应如何处理？

问题描述 某一用户受电工程使用的 PVC 管道规格比图纸设计的内径小，施工方认为这符合国家标准与技术规范，可以使用，验收方认为必须使用图纸要求的规格。建筑工程使用的材料规格与图纸不一致时，应如何处理？

法律解析 根据《供电营业规则》第三十九条、第四十条和第四十二条的规定，用户受电工程设计文件和有关资料应一式两份送交供电企业审核。用户若更改审核后的设计文件时，应将变更后的设计再送供电企业复核。用户受电工程的设计文件，未经供电企业审核同意，用户不得据以施工，否则，供电企业将不予检验和接电。用户受电工程在施工期间，供电企业应根据审核同意的设计和有关施工标准，对用户受电工程中的隐蔽工程进行中间检查。如有不符合规定的，应以书面形式向用户提出意见，用户应按设计和施工标准的规定予以改正。供电企业接到用户的受电装置竣工报告及检验申请后，应及时组织检验。对检验不合格的，供电企业应以书面形式一次性通知用户改正，改正后予以再次检验，直至合格。依照上述规定，施工单位使用的 PVC 管道规格比图纸设计的内径小，供电企业在验收时可以通知用户改正。

但是，为了防止不必要的浪费，如施工单位使用比图纸设计的内径小但仍符合受电设施的相关设计和施工规范的，验收单位也可以要求建设单位、施工单位会同设计单位修改设计图纸，经确认后作为验收文件；或参照《建筑工程施工质量验收统一标准》（GB 50300—2013）关于"经有资质的检测机构检测鉴定能够达到设计要求的检验批，应予以验收"及"经有资质的检测机构检测鉴定达不到设计要求，但经原设计单位核算认可能够满足安全和使用功能的检验批，可予以验收"的规定处理。

当然，对于施工单位不按设计要求和施工图纸要求进行施工，属于违反施工合同的违约行为，其所应承担的违约责任，则由建设单位与施工单位根据《中华人民共和国合同法》以及双方约定处理。

相关法律条文

《供电营业规则》

第三十九条 用户受电工程设计文件和有关资料应一式两份送交供电企业审核。高压供电的用户应提供：

1. 受电工程设计及说明书；

2. 用电负荷分布图；

3. 负荷组成、性质及保安负荷；

4. 影响电能质量的用电设备清单；

5. 主要电气设备一览表；

6. 节能篇及主要生产设备、生产工艺耗电以及允许中断供电时间；

7. 高压受电装置一、二次接线图与平面布置图；

8. 用电功率因数计算及无功补偿方式；

9. 继电保护、过电压保护及电能计量装置的方式；

10. 隐蔽工程设计资料；

11. 配电网络布置图；

12. 自备电源及接线方式；

13. 供电企业认为必须提供的其他资料。

低压供电的用户应提供负荷组成和用电设备清单。

第四十条 供电企业对用户送审的受电工程设计文件和有关资料，应根据本规则的有关规定进行审核。审核的时间，对高压供电的用户最长不超过一个月；对低压供电的用户最长不超过十天。供电企业对用户的受电工程设计文件和有关资料的审核意见应以书面形式连同审核过的一份受电工程设计文件和有关资料一并退还用户，以便用户据以施工。用户若更改审核后的设计文件时，应将变更后的设计再送供电企业复核。

用户受电工程的设计文件，未经供电企业审核同意，用户不得据以施工，否则，供电企业将不予检验和接电。

第四十二条 用户受电工程在施工期间，供电企业应根据审核同意的设计和有关施工标准，对用户受电工程中的隐蔽工程进行中间检查。如有不符合规定的，应以书面形式向用户提出意见，用户应按设计和施工标准的规定予以改正。

第四十三条 用户受电工程施工、试验完工后，应向供电企业提出工程竣工报告，报告应包括：

1. 工程竣工图及说明；

2. 电气试验及保护整定调试记录；

3. 安全用具的试验报告；

4. 隐蔽工程的施工及试验记录；

5. 运行管理的有关规定和制度；

6. 值班人员名单及资格；

7. 供电企业认为必要的其他资料或记录。

供电企业接到用户的受电装置竣工报告及检验申请后，应及时组织检验。对检验不合格的，供电企业应以书面形式一次性通知用户改正，改正后方予以再次检验，直至合格。但自第二次检验起，每次检验前用户须按规定交纳重复检验费。检验合格后的十天内，供电企业应派员装表接电。

重复检验收费标准，由省电网经营企业提出，报经省有关部门批准后执行。

《建筑工程施工质量验收统一标准》（GB 50300—2013）

5.0.6 当建筑工程施工质量不符合规定时，应按下列规定进行处理：

1. 经返工或返修的检验批，应重新进行验收。

2. 经有资质的检测机构检测鉴定能够达到设计要求的检验批，应予以验收。

3. 经有资质的检测机构检测鉴定达不到设计要求，但经原设计单位核算认可能够满足安全和使用功能的检验批，可予以验收。

4. 经返修或加固处理的分项、分部工程，满足安全及使用功能要求时，可按技术处理方案和协商文件的要求予以验收。

52 在电力工程实施中，土地被供电企业征用后仍被农户占用的，应如何处理？

问题描述 某电力工程中，对杆塔或设备周边廊道进行土地征用后，农户继续在征用土地范围内种植苗木，并提出不合理诉求，对此应如何处理？

法律解析 杆塔用地与建筑物用地取得方式不同。杆塔用地点多、单个面积小，大多采用征用的方式。土地征用是指国家因公共事业的需要，以给予补偿为条件，对他人土地所有权以外的土地他项权利为利用，待特定公共事业目的完成时，仍将土地归还原土地所有人。征用后土地所有权性质不变，类似于使用权租赁。按照规定，征用土地的补偿项目有两种，分别是土地补偿费、青苗及地面附着物补偿费。

《中华人民共和国电力法》第十一条第二款明确规定："任何单位和个人不得非法占用变电设施用地、输电线路走廊和电缆通道。"换而言之，农户在土地被依法征用后仍在土地上种植苗木，是一种非法占用土地的行为，损害供电企业合法权益的，构成侵权。供电企业施工中，如果遇到农户在已征用的土地上种植苗木并提出不合理要求的，应当做好说服工作，明确告知该农户因此造成电力建设工期延误的，将需承担赔偿责任，必要时可邀请当地村民委员会或乡镇人民政府参加调处。

需要指出的是，遇到此类情形，供电企业可先行向农户发出迁移苗木的通知并告知可能产生的法律后果。对于在指定期限内未迁移的，不影响进一步施工，可以继续施工，以确保工程进度；如严重影响继续施工，则应通过诉讼途径寻求救助，请求排除妨碍、恢复原状、赔偿损失，以维护供电企业的合法权益。

相关法律条文 ▶▶

《中华人民共和国侵权责任法》

第二条 侵害民事权益，应当依照本法承担侵权责任。

本法所称民事权益，包括生命权、健康权、姓名权、名誉权、荣誉权、肖像权、隐私权、婚姻自主权、监护权、所有权、用益物权、担保物权、著作权、专利权、商标专用权、发现权、股权、继承权等人身、财产权益。

第三条 被侵权人有权请求侵权人承担侵权责任。

第十五条 承担侵权责任的方式主要有：

（一）停止侵害；

（二）排除妨碍；

（三）消除危险；

（四）返还财产；

（五）恢复原状；

（六）赔偿损失；

（七）赔礼道歉；

（八）消除影响、恢复名誉。

以上承担侵权责任的方式，可以单独适用，也可以合并适用。

《中华人民共和国电力法》

第十一条　城市电网的建设与改造规划，应当纳入城市总体规划。城市人民政府应当按照规划，安排变电设施用地、输电线路走廊和电缆通道。

任何单位和个人不得非法占用变电设施用地、输电线路走廊和电缆通道。

第十六条　电力建设项目使用土地，应当依照有关法律、行政法规的规定办理；依法征收土地的，应当依法支付土地补偿费和安置补偿费，做好迁移居民的安置工作。

电力建设应当贯彻切实保护耕地、节约利用土地的原则。

地方人民政府对电力事业依法使用土地和迁移居民，应当予以支持和协助。

《中华人民共和国土地管理法》

第二条　国家为了公共利益的需要，可以依法对土地实行征收或者征用并给予补偿。

53 电力施工单位的雇员在前往施工现场过程中发生交通事故的，供电企业应如何处理？

问题描述 因工作需要，电力施工单位临时聘用民工辅助工作，该民工驾乘自有车辆前往现场过程中发生交通事故，应如何处理？

法律解析 电力施工单位临时聘用民工辅助工作，根据《劳动和社会保障部关于确立劳动关系有关事项的通知》（劳社部发〔2005〕12号）第一条的规定，电力施工单位与该临时聘用的民工之间建立的是劳动关系。此时，发包人与电力施工单位是承发包关系，与电力施工单位临时的聘用的人员不发生关系，所以，该临时聘用的人员驾乘自有车辆前往施工现场发生交通事故受到损害的，发包人无需承担民事责任。

如该临时聘用人员上班后驾乘自有车辆前往施工现场发生交通事故受到损害，应当认定为工伤。电力施工单位为该临时聘用人员参加了工伤保险的，根据《工伤保险条例》的规定，应由工伤保险基金支付的部分工伤保险待遇，可向工伤保险经办机构申领；应由用人单位支付的部分工伤保险待遇，由用人单位承担。电力施工单位未为该临时聘用人员参加工伤保险的，应由用人单位根据《工伤保险条例》的规定支付工伤保险待遇。

如该临时聘用人员前往施工现场的上班途中发生交通事故，应当按其所负责任的大小进行判定。如该临时聘用人员对事故的发生没有责任、负次要责任或同等责任，应当认定为工伤，根据《工伤保险条例》的规定享受工伤保险待遇；如该临时聘用人员对事故的发生负全部责任或主要责任的，不能认定为工伤，电力施工单位无需承担赔偿责任。

需要指出的是，《浙江省工伤保险条例》于2018年1月1日施行，根据该条例第三十二条的规定，因第三人侵权同时构成工伤的，实行待遇补差原则。换而言之，如该临时聘用人员已经从侵权人处获得民事赔偿，且该赔偿数额等于或超过工伤保险待遇的，电力施工单位无需另行支付工伤保险待遇。

相关法律条文

《工伤保险条例》

第十四条 职工有下列情形之一的，应当认定为工伤：

（一）在工作时间和工作场所内，因工作原因受到事故伤害的；

（二）工作时间前后在工作场所内，从事与工作有关的预备性或者收尾性工作受到事故伤害的；

（三）在工作时间和工作场所内，因履行工作职责受到暴力等意外伤害的；

（四）患职业病的；

（五）因工外出期间，由于工作原因受到伤害或者发生事故下落不明的；

（六）在上下班途中，受到非本人主要责任的交通事故或者城市轨道交通、客运轮渡、火车事故伤害的；

（七）法律、行政法规规定应当认定为工伤的其他情形。

《浙江省工伤保险条例》

第三十二条　因第三人的原因造成工伤，工伤职工可以先向第三人要求赔偿，也可以直接向工伤保险基金或者用人单位要求支付工伤保险待遇。

工伤职工先向第三人要求赔偿后，赔偿数额低于其依法应当享受的工伤保险待遇的，可以就差额部分要求工伤保险基金或者用人单位支付。

工伤职工直接向工伤保险基金或者用人单位要求支付工伤保险待遇的，工伤保险基金或者用人单位有权在其支付的工伤保险待遇范围内向第三人追偿，工伤职工应当配合追偿。

法律、行政法规对因第三人原因造成工伤的赔偿做出明确规定的，依照法律、行政法规规定执行。

《劳动和社会保障部关于确立劳动关系有关事项的通知》（劳社部发〔2005〕12号）

一、用人单位招用劳动者未订立书面劳动合同，但同时具备下列情形的，劳动关系成立。

（一）用人单位和劳动者符合法律、法规规定的主体资格；

（二）用人单位依法制定的各项劳动规章制度适用于劳动者，劳动者受用人单位的劳动管理，从事用人单位安排的有报酬的劳动；

（三）劳动者提供的劳动是用人单位业务的组成部分。

54 在属于供电企业的供电线路上施工时，遇到用户阻挠的，供电企业应如何处理？

问题描述 用户 A 在申请新装用电时需要在用户 B 所搭接支线 X 号杆上搭接，该供电线路为供电企业资产，但 X 杆所立土地属于用户 B。因该二位用户存在纠纷，用户 B 阻挠供电企业在该供电线路 X 杆上为用户 A 搭接施工，请问供电企业应如何处理？

法律解析 该案例中，电杆属于供电企业资产且该电线杆的设置合法，而电线杆所立土地使用权属于 B。由于电线杆所有权与土地使用权归属于不同的主体，物权人对自己的物享有占有、使用、收益和处分的权能，不受他人非法干涉与侵害，因此，用户 A 在业扩新装时需要在用户 B 所搭接支线 X 号杆上搭接，B 无权以土地使用权归属其为由阻挠供电企业在该线路 X 杆上为用户 A 搭接施工。

关于相邻关系的处理，依据《中华人民共和国物权法》第八十八条规定："不动产权利人因建造、修缮建筑物以及铺设电线、电缆、水管、暖气和燃气管线等必须利用相邻土地、建筑物的，该土地、建筑物的权利人应当提供必要的便利。"因此，在能够避免对相邻他方造成损害的情况下，相邻他方需承担合理的容忍义务，应当提供必要的便利。

相关法律条文

《中华人民共和国物权法》

第八十八条　不动产权利人因建造、修缮建筑物以及铺设电线、电缆、水管、暖气和燃气管线等必须利用相邻土地、建筑物的，该土地、建筑物的权利人应当提供必要的便利。

《电力设施保护条例》

第二十二条　公用工程、城市绿化和其他工程在新建、改建或扩建中妨碍电力设施时，或电力设施在新建、改建或扩建中妨碍公用工程、城市绿化和其他工程时，双方有关单位必须按照本条例和国家有关规定协商，就迁移、采取必要的防护措施和补偿等问题达成协议后方可施工。

《浙江省电网设施建设保护和供用电秩序维护条例》

第十二条　新建、改建、扩建电网设施需要迁移、改造其他设施，或者新建、改建、扩建其他设施需要迁移、改造电网设施的，经双方协商一致并依法办理审批手续后方可施工。迁移、改造相关设施的费用由提出迁移、改造要求的一方承担，法律、法规另有规定或者双方另有约定的除外。

55 在原址立杆遭阻挠的，供电企业应如何处理？

问题描述 车辆撞断了在田边或路边的电杆，重新立杆时，群众阻止施工人员立杆，施工无法正常开展，应如何处理？

法律解析 车辆撞断了在田边或路边的电杆，供电企业应及时进行抢修以保障正常的供用电秩序。施工人员在重新立杆时，当地群众阻止的，应当了解清楚原因，妥善处理。

一般而言，在线路架设时已经立杆的，当时已按政策作了补偿处理，当地群众阻止施工提出额外要求的，可以认为是无理要求。涉及相邻关系等原因阻止施工的，尽可能向当地群众做好解释工作，必要时可以邀请当地村民委员会和乡镇人民政府参与纠纷调处。村民为了获取不当利益，采取极端做法阻挠现场施工的，供电企业和施工单位可以向当地公安机关报案，由公安机关依照《中华人民共和国治安管理处罚法》进行立案查处。

需要指出的是，当村民提出无理要求，而供电企业或施工单位未满足其无理要求，村民通过毁损财产或其他方法造成供电企业或施工单位损失的，可以提起侵权之诉进行索赔。情节严重的，涉嫌刑事犯罪的，可以向公安机关报案要求追究刑事责任。

相关法律条文 >>

《中华人民共和国治安管理处罚法》

第二十三条　有下列行为之一的，处警告或者二百元以下罚款；情节较重的，处五日以上十日以下拘留，可以并处五百元以下罚款：

（一）扰乱机关、团体、企业、事业单位秩序，致使工作、生产、营业、医疗、教学、科研不能正常进行，尚未造成严重损失的；

（二）扰乱车站、港口、码头、机场、商场、公园、展览馆或者其他公共场所秩序的；

（三）扰乱公共汽车、电车、火车、船舶、航空器或者其他公共交通工具上的秩序的；

（四）非法拦截或者强登、扒乘机动车、船舶、航空器以及其他交通工具，影响交通工具正常行驶的；

（五）破坏依法进行的选举秩序的。

聚众实施前款行为的，对首要分子处十日以上十五日以下拘留，可以并处一千元以下罚款。

56 在征地拆迁补偿事件中，各乡镇出具的各自补偿文件标准不一致时，供电企业应如何处理？

问题描述 在征地拆迁补偿事件中，各乡镇出具的各自补偿文件标准不一致时，应如何处理？

法律解析 根据《中华人民共和国土地管理法》第四十七条的规定，征收耕地的补偿费用包括土地补偿费、安置补助费以及地上附着物和青苗的补偿费。征收耕地的土地补偿费，为该耕地被征收前三年平均年产值的六至十倍。征收耕地的安置补助费，按照需要安置的农业人口数计算。需要安置的农业人口数，按照被征收的耕地数量除以征地前被征收单位平均每人占有耕地的数量计算。每一个需要安置的农业人口的安置补助费标准，为该耕地被征收前三年平均年产值的四至六倍。但是，每公顷被征收耕地的安置补助费，最高不得超过被征收前三年平均年产值的十五倍。征收其他土地的土地补偿费和安置补助费标准，由省、自治区、直辖市参照征收耕地的土地补偿费和安置补助费的标准规定。被征收土地上的附着物和青苗的补偿标准，由省、自治区、直辖市规定。

《中华人民共和国土地管理法实施条例》第二十五条规定，市、县人民政府土地行政主管部门根据经批准的征收土地方案，会同有关部门拟订征地补偿、安置方案，在被征收土地所在地的乡（镇）、村予以公告，听取被征收土地的农村集体经济组织和农民的意见。征地补偿、安置方案报市、县人民政府批准后，由市、县人民政府土地行政主管部门组织实施。

另外，《浙江省人民政府关于调整完善征地补偿安置政策的通知》（浙政发〔2014〕19号）对征地补偿安置政策均作了具体的规定。

问题中提到的"在征地拆迁补偿事件中，各乡镇出具的各自补偿文件标准不一致"，如果是指各乡镇人民政府自己制定的补偿文件，应当与当地乡镇人民政府做好沟通工作，必要时可以向县区人民政府反映；如果是市、县人民政府土地行政主管部门会同有关部门拟订的征地补偿、安置方案，则应完全符合法律和政策规定。

相关法律条文 ▶▶▶

《中华人民共和国土地管理法》

第四十七条　征收土地的，按照被征收土地的原用途给予补偿。

征收耕地的补偿费用包括土地补偿费、安置补助费以及地上附着物和青苗的补偿费。征收耕地的土地补偿费，为该耕地被征收前三年平均年产值的六至十倍。征收耕地的安置补助费，按照需要安置的农业人口数计算。需要安置的农业人口数，按照被征收的耕地数量除以征地前被征收单位平均每人占有耕地的数量计算。每一个需要安置的农业人口的安置补助费标准，为该耕地被征收前三年平均年产值的四至六倍。但是，每公顷被征收耕地的安置补助费，最高不得超过被征收前三年平均年产值的十五倍。

征收其他土地的土地补偿费和安置补助费标准，由省、自治区、直辖市参照征收耕地的土地补偿费和安置补助费的标准规定。

被征收土地上的附着物和青苗的补偿标准，由省、自治区、直辖市规定。

征收城市郊区的菜地，用地单位应当按照国家有关规定缴纳新菜地开发建设基金。

依照本条第二款的规定支付土地补偿费和安置补助费，尚不能使需要安置的农民保持原有生活水平的，经省、自治区、直辖市人民政府批准，可以增加安置补助费。但是，土地补偿费和安置补助费的总和不得超过土地被征收前三年平均年产值的三十倍。

《中华人民共和国土地管理法实施条例》

第二十五条 征收土地方案经依法批准后，由被征收土地所在地的市、县人民政府组织实施，并将批准征地机关、批准文号、征收土地的用途、范围、面积以及征地补偿标准、农业人员安置办法和办理征地补偿的期限等，在被征收土地所在地的乡（镇）、村予以公告。

被征收土地的所有权人、使用权人应当在公告规定的期限内，持土地权属证书到公告指定的人民政府土地行政主管部门办理征地补偿登记。

市、县人民政府土地行政主管部门根据经批准的征收土地方案，会同有关部门拟订征地补偿、安置方案，在被征收土地所在地的乡（镇）、村予以公告，听取被征收土地的农村集体经济组织和农民的意见。征地补偿、安置方案报市、县人民政府批准后，由市、县人民政府土地行政主管部门组织实施。对补偿标准有争议的，由县级以上地方人民政府协调；协调不成的，由批准征收土地的人民政府裁决。征地补偿、安置争议不影响征收土地方案的实施。

征收土地的各项费用应当自征地补偿、安置方案批准之日起3个月内全额支付。

国务院根据社会、经济发展水平，在特殊情况下，可以提高征收耕地的土地补偿费和安置补助费的标准。

57 挂靠的施工队伍直接向发包人主张工程款的，供电企业应如何处理？

问题描述 挂靠的施工队伍是否可以直接向发包人主张工程款？

法律解析 从最高人民法院在《曾贵龙、贵阳荣达房地产开发有限公司建设工程施工合同纠纷一案》（〔2017〕最高法民终 377 号）的裁判要旨来看，挂靠人不属于《最高人民法院关于审理建设工程施工合同纠纷案件适用法律问题的解释》第二十六条中所规定的"实际施工人"范围。

该案中，曾贵龙在一、二审中均主张其与佳乐公司存在挂靠关系，其通过向佳乐公司缴纳管理费的方式借用佳乐公司施工资质承揽案涉工程。而最高院认为，"在挂靠施工情形中，存在两个不同性质、不同内容的法律关系，一为建设工程法律关系，一为挂靠法律关系，根据合同相对性原则，各方的权利义务关系应当根据相关合同分别处理……即便认定曾贵龙为案涉工程的实际施工人，其亦无权突破合同相对性，直接向发包人荣达公司主张建设工程合同权利。"最终驳回了曾贵龙的起诉。

因此，依据最高人民法院的裁判意见，挂靠的施工队伍应不属于《最高人民法院关于审理建设工程施工合同纠纷案件适用法律问题的解释》第二十六条中所规定的"实际施工人"范围，不可以直接向发包人主张工程款。

相关法律条文

《最高人民法院关于审理建设工程施工合同纠纷案件适用法律问题的解释》

第二十六条　实际施工人以转包人、违法分包人为被告起诉的，人民法院应当依法受理。实际施工人以发包人为被告主张权利的，人民法院可以追加转包人或者违法分包人为本案当事人。发包人只在欠付工程价款范围内对实际施工人承担责任。

58 电力工程项目施工过程中，修改设计后是否需要重新开展环境评估？

问题描述 某 220kV 电力线路项目已完成项目审批，取得环境评价意见。施工过程中，因地方政府要求，需对电力线路设计进行修改，是否需要重新开展环境评估？

法律解析 环境影响评价，是指对规划和建设项目实施后可能造成的环境影响进行分析、预测和评估，提出预防或者减轻不良环境影响的对策和措施，进行跟踪监测的方法与制度。《中华人民共和国环境影响评价法》第十六条规定，国家根据建设项目对环境的影响程度，对建设项目的环境影响评价实行分类管理。可能造成重大环境影响的，应当编制环境影响报告书，对产生的环境影响进行全面评价；可能造成轻度环境影响的，应当编制环境影响报告表，对产生的环境影响进行分析或者专项评价；对环境影响很小、不需要进行环境影响评价的，应当填报环境影响登记表。《建设项目环境影响评价分类管理名录》对输变电工程项目环境影响评价进行分类管理。

施工过程中，因地方政府要求，需对电力线路设计进行修改的，是否需要重新开展环境评估，不能一概而论。《中华人民共和国环境影响评价法》第二十四条规定："建设项目的环境影响评价文件经批准后，建设项目的性质、规模、地点、采用的生产工艺或者防治污染、防止生态破坏的措施发生重大变动的，建设单位应当重新报批建设项目的环境影响评价文件。"故判断是否需要重新报批建设项目环境影响评价文件的标准在于是否发生重大变动，如属于重大变动的，则需重新报批；反之，则无需重新报批。

相关法律条文

《中华人民共和国环境影响评价法》

第十六条 国家根据建设项目对环境的影响程度，对建设项目的环境影响评价实行分类管理。

建设单位应当按照下列规定组织编制环境影响报告书、环境影响报告表或者填报环境影响登记表（以下统称环境影响评价文件）：

（一）可能造成重大环境影响的，应当编制环境影响报告书，对产生的环境影响进行全面评价；

（二）可能造成轻度环境影响的，应当编制环境影响报告表，对产生的环境影响进行分析或者专项评价；

（三）对环境影响很小、不需要进行环境影响评价的，应当填报环境影响登记表。

建设项目的环境影响评价分类管理名录，由国务院环境保护行政主管部门制定并公布。

第二十四条 建设项目的环境影响评价文件经批准后，建设项目的性质、规模、地点、采用的生产工艺或者防治污染、防止生态破坏的措施发生重大变动的，建设单位应当重新报批建设项目的环境影响评价文件。

建设项目的环境影响评价文件自批准之日起超过五年，方决定该项目开工建设的，其环境影响评价文件应当报原审批部门重新审核；原审批部门应当自收到建设项目环境影响评价文件之日起十日内，将审核意见书面通知建设单位。

第二十五条 建设项目的环境影响评价文件未依法经审批部门审查或者审查后未予批准的，建设单位不得开工建设。

59 劳务分包单位施工人员需购买哪几类保险？若发生触电事件供电企业应如何处理？

问题描述 假设甲公司是总包单位，乙公司是劳务单位，那乙公司劳务人员需购买哪几类保险？是由甲公司购买还是乙公司购买？假设乙公司劳务人员工作过程中发生触电事件，甲公司需要承担责任吗？承担哪些责任？

法律解析 甲公司作为总包单位，乙公司作为劳务单位，甲公司与乙公司之间建立的是劳务分包合同关系。乙公司招用的劳务人员，与乙公司之间建立的是劳动关系或雇佣关系。换而言之，在劳务分包的情况下，总包单位与劳务分包单位招用的人员之间不存在劳动关系或雇用关系。

乙公司与其招用的人员如果建立的是劳动关系，则乙公司招用的人员在工作过程中发生触电造成人身损害的，属于在工作时间、工作地点，因工作原因遭受的职业伤害，应认定为工伤。此时，乙公司招用的人员依法享受工伤保险待遇。如乙公司为其招用的人员参加了工伤保险，分别由工伤保险基金和用人单位根据《工伤保险条例》的规定支付工伤保险待遇；如乙公司没有为其招用的人员参加工伤保险，应当由用人单位按《工伤保险条例》的规定支付工伤保险待遇。

乙公司与其招用的人员如果建立的是雇佣关系，则应当由乙公司根据《中华人民共和国侵权责任法》和最高人民法院《关于审理人身损害赔偿案件适用法律若干问题的解释》的规定承担责任。雇员对损害后果的发生有过错的，可以减轻乙公司的民事责任。如果乙公司没有资质或者安全生产条件的，则总包单位应当承担连带赔偿责任。如果总包单位甲公司将工程劳务分包给有资质和安全生产条件的劳务单位，且总包单位不存在指示过失的，则无需承担民事责任。

问题中提到乙公司需要为其招用的人员购买哪几类保险。这以乙公司和其招用的人员建立的法律关系的不同而有所区别。如果乙公司与其招用的人员之间是劳动关系，应当由乙公司为其招用的人员参加社会保险（包括工伤保险）；如果乙公司与其招用的人员之间建立的是雇佣关系，则应当投保商业保险中的雇主责任险。

需要指出的是，实践中劳务分包单位招用人员向保险公司投保人身伤害意外险，因该险种的投保人是劳务单位（乙公司），但被保险人和受益人却是其招用的人员或其近亲属，该险种并不能分散工伤或侵权赔偿责任的风险。换而言之，保险公司向被保险人或受益人进行理赔后，并不免除或减轻投保人应当承担的工伤保险待遇支付或侵权赔偿责任。

《中华人民共和国保险法》

第三十九条 人身保险的受益人由被保险人或者投保人指定。

投保人指定受益人时须经被保险人同意。投保人为与其有劳动关系的劳动者投保人身保险，不得指定被保险人及其近亲属以外的人为受益人。

被保险人为无民事行为能力人或者限制民事行为能力人的，可以由其监护人指定受益人。

《工伤保险条例》

第二条 中华人民共和国境内的企业、事业单位、社会团体、民办非企业单位、基金会、律师事务所、会计师事务所等组织和有雇工的个体工商户（以下称用人单位）应当依照本条例规定参加工伤保险，为本单位全部职工或者雇工（以下称职工）缴纳工伤保险费。

中华人民共和国境内的企业、事业单位、社会团体、民办非企业单位、基金会、律师事务所、会计师事务所等组织的职工和个体工商户的雇工，均有依照本条例的规定享受工伤保险待遇的权利。

第十四条 职工有下列情形之一的，应当认定为工伤：

（一）在工作时间和工作场所内，因工作原因受到事故伤害的；

《最高人民法院关于审理人身损害赔偿案件适用法律若干问题的解释》

第十一条 雇员在从事雇佣活动中遭受人身损害，雇主应当承担赔偿责任。雇佣关系以外的第三人造成雇员人身损害的，赔偿权利人可以请求第三人承担赔偿责任，也可以请求雇主承担赔偿责任。雇主承担赔偿责任后，可以向第三人追偿。

雇员在从事雇佣活动中因安全生产事故遭受人身损害，发包人、分包人知道或者应当知道接受发包或者分包业务的雇主没有相应资质或者安全生产条件的，应当与雇主承担连带赔偿责任。

属于《工伤保险条例》调整的劳动关系和工伤保险范围的，不适用本条规定。

60 劳务分包出现挂靠或再分包情况的，供电企业应如何处理？

问题描述 假设甲公司是总包单位，乙公司是劳务单位，那么现场施工劳务人员怎样体现为乙公司人员，而非第三方人员？

法律解析 建设工程领域普遍存在挂靠和违法分包的现象，这些行为屡禁不止，也造成不少危害。对于发包单位或总包单位而言，确实很难识别现场施工人员是属于包工头挂靠劳务分包单位招用的人员，还是劳务分包违法再分包的包工头招用的人员。为了防范风险，有必要明确一下什么是挂靠和违法分包。

根据城乡住建部 2014 年 8 月 4 日颁布的《建筑工程施工转包违法分包等违法行为认定查处管理办法（试行）》第八条、第九条的规定，违法分包，是指施工单位承包工程后违反法律法规规定或者施工合同关于工程分包的约定，把单位工程或分部分项工程分包给其他单位或个人施工的行为，其中包括劳务分包单位将其承包的劳务再分包的。

根据《建筑工程施工转包违法分包等违法行为认定查处管理办法（试行）》第十条、第十一条的规定，挂靠，是指单位或个人以其他有资质的施工单位的名义，承揽工程的行为，其中没有资质的单位或个人借用其他施工单位的资质承揽工程的情形最为普遍。

为了确保建设工程的质量，同时防范法律风险，总包单位与劳务单位签订劳务分包合同时，一定要审查劳务分包单位代表签约人是否获得劳务单位的授权委托，签订的合同上，劳务分包单位应当加盖公司行政章或合同专用章，不接受项目部章或其他类型的印章。工程款项的支付在劳务分包合同中约定直接支付至劳务分包单位在银行开立的账户。在双方签订的劳务分包合同中明确约定不得再分包，由劳务分包单位在合同中做出不存在挂靠的承诺和保证。

除此之外，总包单位应对劳务单位建立诚信档案，在劳务分包合同履行过程中发现存在违法分包或挂靠的，应当纳入诚信档案，在今后的交易或招投标中作为不准入的依据。实务中只能通过上述方法防范风险。

至于"怎样体现为乙公司人员而非第三方人员"的问题，实务中可以通过由总包方要求劳务公司将招用的施工人员名单，以及劳务公司与招用人员签订的劳动合同、社会保险参保证明报送总包单位备案等方式来实现。

《中华人民共和国建筑法》

第二十八条　禁止承包单位将其承包的全部建筑工程转包给他人，禁止承包单位将其承包的全部建筑工程肢解以后以分包的名义分别转包给他人。

第二十九条　建筑工程总承包单位可以将承包工程中的部分工程发包给具有相应资质条件的分包单位；但是，除总承包合同中约定的分包外，必须经建设单位认可。施工总承包的，建筑工程主体结构的施工必须由总承包单位自行完成。

建筑工程总承包单位按照总承包合同的约定对建设单位负责；分包单位按照分包合同的约定对总承包单位负责。总承包单位和分包单位就分包工程对建设单位承担连带责任。

禁止总承包单位将工程分包给不具备相应资质条件的单位。禁止分包单位将其承包的工程再分包。

《建筑工程施工转包违法分包等违法行为认定查处管理办法（试行）》

第八条　本办法所称违法分包，是指施工单位承包工程后违反法律法规规定或者施工合同关于工程分包的约定，把单位工程或分部分项工程分包给其他单位或个人施工的行为。

第九条　存在下列情形之一的，属于违法分包：

（一）施工单位将工程分包给个人的；

（二）施工单位将工程分包给不具备相应资质或安全生产许可的单位的；

（三）施工合同中没有约定，又未经建设单位认可，施工单位将其承包的部分工程交由其他单位施工的；

（四）施工总承包单位将房屋建筑工程的主体结构的施工分包给其他单位的，钢结构工程除外；

（五）专业分包单位将其承包的专业工程中非劳务作业部分再分包的；

（六）劳务分包单位将其承包的劳务再分包的；

（七）劳务分包单位除计取劳务作业费用外，还计取主要建筑材料款、周转材料款和大中型施工机械设备费用的；

（八）法律法规规定的其他违法分包行为。

第十条　本办法所称挂靠，是指单位或个人以其他有资质的施工单位的名义，承揽工程的行为。

前款所称承揽工程，包括参与投标、订立合同、办理有关施工手续、从事施工等活动。

第十一条　存在下列情形之一的，属于挂靠：

（一）没有资质的单位或个人借用其他施工单位的资质承揽工程的；

（二）有资质的施工单位相互借用资质承揽工程的，包括资质等级低的借用资质等级高的，资质等级高的借用资质等级低的，相同资质等级相互借用的；

（三）专业分包的发包单位不是该工程的施工总承包或专业承包单位的，但建设单位依约作为发包单位的除外；

（四）劳务分包的发包单位不是该工程的施工总承包、专业承包单位或专业分包单位的；

（五）施工单位在施工现场派驻的项目负责人、技术负责人、质量管理负责人、安全管理负责人中一人以上与施工单位没有订立劳动合同，或没有建立劳动工资或社会养老保险关系的；

（六）实际施工总承包单位或专业承包单位与建设单位之间没有工程款收付关系，或者工程款支付凭证上载明的单位与施工合同中载明的承包单位不一致，又不能进行合理解释并提供材料证明的；

（七）合同约定由施工总承包单位或专业承包单位负责采购或租赁的主要建筑材料、构配件及工程设备或租赁的施工机械设备，由其他单位或个人采购、租赁，或者施工单位不能提供有关采购、租赁合同及发票等证明，又不能进行合理解释并提供材料证明的；

（八）法律法规规定的其他挂靠行为。

第四章

招 标 活 动

61 竞争性谈判第一次报价是否公开？

问题描述 竞争性谈判第一次报价是否公开？

法律解析 竞争性谈判采购方式的法源是《中华人民共和国政府采购法》，对于第一次报价进行公开唱标看似极其平常，其实是不妥的。原因如下：一是竞争性谈判主要适用于技术复杂或者性质特殊、不能确定详细规格或者具体要求的货物或服务。竞价人在此基础上的报价本身是没有竞争意义的。通过谈判，将不清晰事项协商明确，再进行竞价，是采用竞争性谈判方式的优势，如果放弃这种优势，采用竞争性谈判就没有多大意义。二是《中华人民共和国政府采购法》第三十八条第四款规定："在谈判中，谈判的任何一方不得透露与谈判有关的其他供应商的技术资料、价格和其他信息。"因此，在竞争性谈判开始阶段，竞价人的报价不能公开。

相关法律条文 >>>

《中华人民共和国政府采购法》

第三十八条 采用竞争性谈判方式采购的，应当遵循下列程序：

……

（四）谈判。谈判小组所有成员集中与单一供应商分别进行谈判。在谈判中，谈判的任何一方不得透露与谈判有关的其他供应商的技术资料、价格和其他信息。谈判文件有实质性变动的，谈判小组应当以书面形式通知所有参加谈判的供应商。

……

62 否决不合格投标后致使有效投标不足 3 个的，能否继续评标？

问题描述 评标过程中，否决不合格投标后，有效投标不足 3 个时，如何处理？

法律解析 在开标阶段有 3 个及以上投标人，在评标中否决不合格投标后，有效投标不足 3 个的情况很常见，现行的法律法规下进行下一步操作的权限就交给了评标委员会。

《中华人民共和国招标投标法》第四十二条规定："评标委员会经评审，认为所有投标都不符合招标文件要求的，可以否决所有投标。"即只要有一个投标符合要求，也可以继续评下去并产生推荐结果。

《评标委员会和评标方法暂行规定》第二十七条规定："评标委员会根据本规定第二十条、第二十一条、第二十二条、第二十三条、第二十五条的规定否决不合格投标，因有效投标不足三个使得投标明显缺乏竞争的，评标委员会可以否决全部投标。"法条上用词是"可以"，而不是"应当"，说明是否否决投标由评标委员会根据剩余有效投标的竞争情况决定，主要是从有效投标人的实施方案能否满足项目要求、拟投入人员和机械物料能否满足进度强度、相关商务技术条款上是否有实质性偏差、报价和组成是否合理合规、工期和质量承诺是否符合招标人要求等方面进行判断和评议。

相关法律条文 ➤➤➤

《中华人民共和国招标投标法》

第四十二条 评标委员会经评审，认为所有投标都不符合招标文件要求的，可以否决所有投标。

《评标委员会和评标方法暂行规定》

第二十七条 评标委员会根据本规定第二十条、第二十一条、第二十二条、第二十三条、第二十五条的规定否决不合格投标，因有效投标不足三个使得投标明显缺乏竞争的，评标委员会可以否决全部投标。

63 重新招标的项目能否沿用原评标委员会继续评标?

问题描述 重新招标的项目是否可以沿用原来的评标委员会继续评标?

法律解析 法律法规未直接规定重新招标是否可以继续由原评标委员会进行评标的问题,但根据《评标委员会和评标办法暂行规定(2013年修订)》的要求,沿用原评标委员会并不妥当。评标活动是要求严格保密的,重新招标的评标距第一次评标有20天及以上的间隔时间,且原评标委员会结束评标后已经解散,原评标过程及人员组成都在失控状态,造成失密的可能性极大。

相关法律条文 >>

《评标委员会和评标办法暂行规定(2013年修订)》

第五条 招标人应当采取必要措施,保证评标活动在严格保密的情况下进行。

第八条 评标委员会由招标人负责组建。

评标委员会成员名单一般应于开标前确定,评标委员会成员名单在中标结果确定前应当保密。

64 能否将经营业绩设定为投标人的资质条件之一或加分项？

问题描述 在招标采购中，是否允许将业绩作为投标人资质条件或加分项？

法律解析 在招标采购中，招标人为招到最适合的项目投标人，往往将业绩作为投标资质条件或加分项，但是《中华人民共和国招标投标法实施条例》第三十二条规定："招标人不得以不合理的条件限制、排斥潜在投标人或者投标人。"这就意味着如此操作存在被投诉的风险。同时，该条第三款规定："依法必须进行招标的项目以特定行政区域或者特定行业的业绩、奖项作为加分条件或者中标条件的属于以不合理的条件限制、排斥潜在投标人或者投标人。"

因此实际操作中，为规避法律风险，首先，甄别采购项目是否属于依法必须招标的项目；其次，不得设置特定行政区域的和特定行业的业绩门槛；最后，当业绩作为加分条件时，需要用同类业绩或类似业绩作为限定，由评标委员会评标时认定。

相关法律条文 ▶▶

《中华人民共和国招标投标法实施条例》

第三十二条 招标人不得以不合理的条件限制、排斥潜在投标人或者投标人。

招标人有下列行为之一的，属于以不合理条件限制、排斥潜在投标人或者投标人：

（一）就同一招标项目向潜在投标人或者投标人提供有差别的项目信息；

（二）设定的资格、技术、商务条件与招标项目的具体特点和实际需要不相适应或者与合同履行无关；

（三）依法必须进行招标的项目以特定行政区域或者特定行业的业绩、奖项作为加分条件或者中标条件；

（四）对潜在投标人或者投标人采取不同的资格审查或者评标标准；

（五）限定或者指定特定的专利、商标、品牌、原产地或者供应商；

（六）依法必须进行招标的项目非法限定潜在投标人或者投标人的所有制形式或者组织形式；

（七）以其他不合理条件限制、排斥潜在投标人或者投标人。

65 通过招标方式采购的项目，若合同签订时间超过法定的三十日，会造成何种后果？

问题描述 根据中标通知书要求，需在中标通知书下发后一个月内完成合同签订，但项目管理部门往往会晚几天收到中标通知书，导致超过三十日内签订合同的法律规定，这样是否会造成合同无效？有何法律责任？

法律解析 使用招标方式采购的工程项目，以及与工程有关的货物和服务其合同签订应当严格按照《中华人民共和国招标投标法》的规定操作。《中华人民共和国招标投标法》第四十五条、第四十六条规定："中标通知书对招标人和中标人具有法律效力。招标人与中标人应当自中标通知书发出之日起三十日内，按照招标文件和中标人的投标文件订立书面合同。"

中标通知书与合同是否成立的关联在实务中存在争议，有观点认为投标人收到中标通知书后合同已经成立，也有观点认为投标人收到中标通知书后合同尚未成立。但无论合同是否成立，仅是事实判断，与合同效力无关。合同的效力是价值判断，且以合同已经成立为前提。据此，因内部流程造成投标人未能在收到中标通知书后三十日内签订合同，但事后招标人与投标人仍然依据招投标文件签订了合同，该合同的效力并不因为逾期签订而受到影响。

必须指出的是，投标人在收到中标通知书后三十日内未能与招标人签订合同并非没有法律风险。根据《中华人民共和国招标投标法实施条例》第七十四条规定，中标人无正当理由不与招标人订立合同，在签订合同时向招标人提出附加条件，或者不按照招标文件要求提交履约保证金的，取消中标资格，投标保证金不予退还。对依法必须进行招标的项目中标人，由有关行政监督部门责令改正，可以处中标项目金额10‰以下的罚款。为此，在招投标实务中应当引起注意，必要时对内部经法系统流程加以改进，防免上述法律风险的发生。

相关法律条文

《中华人民共和国招标投标法》

第四十五条 中标人确定后，招标人应当向中标人发出中标通知书，并同时将中标结果通知所有未中标的投标人。中标通知书对招标人和中标人具有法律效力。中标通知书发出后，招标人改变中标结果的，或者中标人放弃中标项目的，应当依法承担法律责任。

第四十六条 招标人与中标人应当自中标通知书发出之日起三十日内，按照招标文件和中标人的投标文件订立书面合同。招标人和中标人不得再行订立背离合同实质性内容的其他协议。

《中华人民共和国招标投标法实施条例》

第七十四条 中标人无正当理由不与招标人订立合同，在签订合同时向招标人提出附加条件，或者不按照招标文件要求提交履约保证金的，取消其中标资格，投标保证金不予退还。对依法必须进行招标的项目的中标人，由有关行政监督部门责令改正，可以处中标项目金额10‰以下的罚款。

66 通过招标确定的项目，如何确定合同签订时间？

问题描述 招标项目要求在中标通知书发出之日起 30 日内签订合同。如果某施工项目中标通知书的发出时间是 2017 年 10 月 25 日，而 2017 年 11 月 20 日真正签订了合同。那合同签订日期是 2017 年 10 月 25 日还是双方真正签订合同日期的 2017 年 11 月 20 日？合同开始生效的日期是 2017 年 10 月 25 日还是 2017 年 11 月 20 日？如约定工程开始开工的日期是 2017 年 10 月 26 日是否可以？

法律解析 实行招投标的工程，以及与工程有关的货物和服务采购，应当严格按照《中华人民共和国招标投标法》的规定操作。《中华人民共和国招标投标法》第四十六条规定，招标人与中标人应当自中标通知书发出之日起三十日内，按照招标文件和中标人的投标文件订立书面合同。

问题中所涉的合同签订日期，实际上是一个合同何时成立的问题。实务中有观点主张，招标是要约邀请，投标属于要约，中标通知书是承诺，中标通知书到达中标人时合同成立。也有观点认为，采用招投标方式的，属于当事人约定采用合同书形式订立合同的情形。根据《中华人民共和国合同法》第三十二条的规定："当事人采用合同书形式订立合同的，自双方当事人签字或盖章时成立。"回到问题中，作者认为，合同成立的日期是 2017 年 11 月 20 日，而不是 2017 年 10 月 25 日。

至于问题中提到的合同生效日期，作者认为，除法律、行政法规规定合同需要批准或登记生效，以及当事人约定生效日期或附生效条件的，合同自成立时生效。故问题中所涉合同不是 2017 年 10 月 25 日生效，而是自 2017 年 11 月 20 日生效。

问题中提到开工日期约定为 2017 年 10 月 26 日是否可以？一般而言，合同中约定的开工日期应在合同成立之后，而不应该在合同成立之前。但实践中存在合同签订之前已经实际开工的情况。所以，我们认为在实际开工时间早于合同成立的，可以实际开工之日为开工日期。但是，该种不规范的做法应当避免。

相关法律条文 ➤➤

《中华人民共和国合同法》

第三十二条 当事人采用合同书形式订立合同的，自双方当事人签字或者盖章时合同成立。

第四十四条 依法成立的合同，自成立时生效。

法律、行政法规规定应当办理批准、登记等手续生效的，依照其规定。

第四十五条　当事人对合同的效力可以约定附条件。附生效条件的合同，自条件成就时生效。附解除条件的合同，自条件成就时失效。

当事人为自己的利益不正当地阻止条件成就的，视为条件已成就；不正当地促成条件成就的，视为条件不成就。

第四十六条　当事人对合同的效力可以约定附期限。附生效期限的合同，自期限届至时生效。附终止期限的合同，自期限届满时失效。

《中华人民共和国招标投标法》

第四十六条　招标人与中标人应当自中标通知书发出之日起三十日内，按照招标文件和中标人的投标文件订立书面合同。招标人和中标人不得再行订立背离合同实质性内容的其他协议。

67 总公司中标的项目能否由分公司具体实施？

问题描述 某项目由总公司参与投标并中标，但其分公司来办理合同签订事务，应如何处理？总公司中标后，可以由分公司来签订并执行合同吗？

法律解析 总公司与分公司的关系虽然不同于母公司与子公司的关系，但是，分公司不是投标人，根据《中华人民共和国招标投标法》第四十六条"招标人和中标人应当自中标通知书发出之日起三十日内，按照招标文件和中标人的投标文件订立书面合同"的规定，应当由中标的总公司与招标人签订合同。当然，中标人可以授权其分公司以总公司的名义与招标人签订合同，但不宜以分公司自己的名义与招标人签订合同。

《中华人民共和国招标投标法》第四十八条规定："中标人应当按照合同约定履行义务，完成中标项目。中标人不得向他人转让中标项目，也不得将中标项目肢解后分别向他人转让。"那么，总公司在订立合同后将合同义务交由分公司履行是否属于转让中标项目呢？作者认为，总公司与分公司之间的关系，不同于母公司与子公司的关系。母公司与子公司之间是独立的企业法人，但分公司是总公司依法设立的不具有法人资格的分支机构，分公司的财产属于总公司的责任财产，分公司的民事责任由总公司承担。所以，总公司将合同义务交由分公司履行，其民事责任仍由总公司承担，故不属于《中华人民共和国招标投标法》第四十八条所指的"转让中标项目"的情形。

需要指出的是，在招标投标实务中应尽可能避免上述情况出现。必要时，可以在招标文件中明确规定不允许投标人以分公司名义签订和履行合同。涉及中标人在签订合同后由分公司履行合同的场合，应当要求中标的总公司出具相关授权和说明，以避免可能产生的法律风险。

相关法律条文

《中华人民共和国招标投标法》

第四十六条 招标人和中标人应当自中标通知书发出之日起三十日内，按照招标文件和中标人的投标文件订立书面合同。招标人和中标人不得再行订立背离合同实质性内容的其他协议。

招标文件要求中标人提交履约保证金的，中标人应当提交。

第四十八条 中标人应当按照合同约定履行义务，完成中标项目。中标人不得向他人转让中标项目，也不得将中标项目肢解后分别向他人转让。

中标人按照合同约定或者经招标人同意，可以将中标项目的部分非主体、非关键性工作分包给他人完成。接受分包的人应当具备相应的资格条件，并不得再次分包。

中标人应当就分包项目向招标人负责，接受分包的人就分包项目承担连带责任。

《中华人民共和国公司法》

公司可以设立分公司。设立分公司，应当向公司登记机关申请登记，领取营业执照。分公司不具有法人资格，其民事责任由公司承担。

68 招标人能否对评标结果提出异议？

问题描述 招标人是否有权对评标结果提出异议？

法律解析 《中华人民共和国招标投标法》规定，评标由招标人依法组建的评标委员会负责。依法必须进行招标的项目，其评标委员会由招标人的代表和有关技术、经济等方面的专家组成，成员人数为五人以上单数，其中技术、经济等方面的专家不得少于成员总数的三分之二。招标人根据评标委员会提出的书面评标报告和推荐的中标候选人确定中标人。招标人也可以授权评标委员会直接确定中标人。该法没有规定招标人可以对评标结果提出异议，其关于质疑与投诉的规定也是针对投标人所做的。如《中华人民共和国招标投标法》第六十五条规定："投标人和其他利害关系人认为招标投标活动不符合本法有关规定的，有权向招标人提出异议或者依法向有关行政监督部门投诉。"但是，《中华人民共和国招标投标法》对评标委员会及其成员进行了规范，如规定"与投标人有利害关系的人不得进入相关项目的评标委员会；评标委员会成员应当客观、公正地履行职务，遵守职业道德，对所提出的评审意见承担个人责任。评标委员会成员不得私下接触投标人，不得收受投标人的财物或者其他好处。"如果评标委员会成员违反该法，并且因此影响评标结果，损害业主的权利时，如不赋予业主一定的救济权利是不符合该法的立法精神的。

《中华人民共和国招标投标法实施条例》第七十一条规定："评标委员会成员有下列行为之一的，由有关行政监督部门责令改正；情节严重的，禁止其在一定期限内参加依法必须进行招标的项目的评标；情节特别严重的，取消其担任评标委员会成员的资格：（一）应当回避而不回避；（二）擅离职守；（三）不按照招标文件规定的评标标准和方法评标；（四）私下接触投标人；（五）向招标人征询确定中标人的意向或者接受任何单位或者个人明示或者暗示提出的倾向或者排斥特定投标人的要求；（六）对依法应当否决的投标不提出否决意见；（七）暗示或者诱导投标人做出澄清、说明或者接受投标人主动提出的澄清、说明；（八）其他不客观、不公正履行职务的行为。业主如果发现有评标委员会成员有上述行为影响评标结果的，可以向行政监督部门举报、投诉，由行政监督部门责令改正。"

《中华人民共和国招标投标法实施条例》

第七十一条 评标委员会成员有下列行为之一的，由有关行政监督部门责令改正；情节严重的，禁止其在一定期限内参加依法必须进行招标的项目的评标；情节特别严重的，取消其担任评标委员会成员的资格：

（一）应当回避而不回避；

（二）擅离职守；

（三）不按照招标文件规定的评标标准和方法评标；

（四）私下接触投标人；

（五）向招标人征询确定中标人的意向或者接受任何单位或者个人明示或者暗示提出的倾向或者排斥特定投标人的要求；

（六）对依法应当否决的投标不提出否决意见；

（七）暗示或者诱导投标人做出澄清、说明或者接受投标人主动提出的澄清、说明；

（八）其他不客观、不公正履行职务的行为。

《中华人民共和国招标投标法》

第三十七条 评标由招标人依法组建的评标委员会负责。

依法必须进行招标的项目，其评标委员会由招标人的代表和有关技术、经济等方面的专家组成，成员人数为五人以上单数，其中技术、经济等方面的专家不得少于成员总数的三分之二。

第四十条 招标人根据评标委员会提出的书面评标报告和推荐的中标候选人确定中标人。招标人也可以授权评标委员会直接确定中标人。

第六十五条 投标人和其他利害关系人认为招标投标活动不符合本法有关规定的，有权向招标人提出异议或者依法向有关行政监督部门投诉。

69 邀请招标有何优缺点，适用范围如何？

问题描述 邀请招标有何优缺点，适用范围如何？

法律解析 邀请招标具有所需时间较短、工作量小、目标集中，且招标花费较省、被邀请的投标单位中标率高等优点。其缺点是：不利于招标单位获得最优报价和最佳投资效益；投标单位的数量少，竞争性较差；招标单位在选择邀请人前所掌握的信息不可避免地存在一定的局限性，招标单位很难了解所有承包商的情况，常会忽略一些在技术、报价方面更具竞争力的企业，使招标单位不易获得最合理的报价，有可能找不到最合适的承包商。

《中华人民共和国招标投标法》第十一条规定："国务院发展计划部门确定的国家重点项目和省、自治区、直辖市人民政府确定的地方重点项目不适宜公开招标的，经国务院发展计划部门或者省、自治区、直辖市人民政府批准，可以进行邀请招标。"《中华人民共和国招标投标法实施条例》第八条规定："国有资金占控股或者主导地位的依法必须进行招标的项目，应当公开招标；但有下列情形之一的，可以邀请招标：（一）技术复杂、有特殊要求或者受自然环境限制，只有少量潜在投标人可供选择；（二）采用公开招标方式的费用占项目合同金额的比例过大。"

另外，《工程建设项目施工招标投标办法》第十一条规定："依法必须进行公开招标的项目，有下列情形之一的，可以邀请招标：（一）项目技术复杂或有特殊要求，或者受自然地域环境限制，只有少量潜在投标人可供选择；（二）涉及国家安全、国家秘密或者抢险救灾，适宜招标但不宜公开招标；（三）采用公开招标方式的费用占项目合同金额的比例过大。有前款第二项所列情形，属于本办法第十条规定的项目，由项目审批、核准部门在审批、核准项目时做出认定；其他项目由招标人申请有关行政监督部门做出认定。全部使用国有资金投资或者国有资金投资占控股或者主导地位的并需要审批的工程建设项目的邀请招标，应当经项目审批部门批准，但项目审批部门只审批立项的，由有关行政监督部门批准。"

综上所述，除了国家规定必须公开招标的以外，可以采取邀请招标。对国家规定必须公开招标的项目，符合《中华人民共和国招标投标法》第十一条，《中华人民共和国招标投标法实施条例》第八条，以及《工程建设项目施工招标投标办法》第十一条规定的，也可以采取邀请招标。

《工程建设项目施工招标投标办法》

第十一条 依法必须进行公开招标的项目，有下列情形之一的，可以邀请招标：

（一）项目技术复杂或有特殊要求，或者受自然地域环境限制，只有少量潜在投标人可供选择；

（二）涉及国家安全、国家秘密或者抢险救灾，适宜招标但不宜公开招标；

（三）采用公开招标方式的费用占项目合同金额的比例过大。

有前款第二项所列情形，属于本办法第十条规定的项目，由项目审批、核准部门在审批、核准项目时做出认定；其他项目由招标人申请有关行政监督部门做出认定。

全部使用国有资金投资或者国有资金投资占控股或者主导地位的并需要审批的工程建设项目的邀请招标，应当经项目审批部门批准，但项目审批部门只审批立项的，由有关行政监督部门批准。

第十三条 采用公开招标方式的，招标人应当发布招标公告，邀请不特定的法人或者其他组织投标。依法必须进行施工招标项目的招标公告，应当在国家指定的报刊和信息网络上发布。

采用邀请招标方式的，招标人应当向三家以上具备承担施工招标项目的能力、资信良好的特定的法人或者其他组织发出投标邀请书。

70 招标开始后，招标人能否终止招标？

问题描述 招标过程中，招标人有权终止招标吗？具体在法律上是如何规定的？

法律解析 招投标是一项较为严肃的工作，为了保护投标人的合法权益，除不可抗力原因外，招标人在发布招标公告、发出投标邀请书后或者售出招标文件或资格预审文件后不得终止招标。《工程建设项目施工招标投标办法》第十五条对此做了明确规定。同时，《中华人民共和国招标投标法实施条例》第三十一条规定："招标人终止招标的，应当及时发布公告，或者以书面形式通知被邀请的或者已经获取资格预审文件、招标文件的潜在投标人。已经发售资格预审文件、招标文件或者已经收取投标保证金的，招标人应当及时退还所收取的资格预审文件、招标文件的费用，以及所收取的投标保证金及银行同期存款利息。"

相关法律条文

《工程建设项目施工招标投标办法》

第十五条 招标人应当按招标公告或者投标邀请书规定的时间、地点出售招标文件或资格预审文件。自招标公告或者资格预审文件出售之日起至停止出售之日止，最短不得少于五日。

招标人可以通过信息网络或者其他媒介发布招标文件，通过信息网络或者其他媒介发布的招标文件与书面招标文件具有同等法律效力，出现不一致时以书面招标文件为准，国家另有规定的除外。

对招标文件或者资格预审文件的收费应当限于补偿印刷、邮寄的成本支出，不得以营利为目的。对于所附的设计文件，招标人可以向投标人酌收押金；对于开标后投标人退还设计文件的，招标人应当向投标人退还押金。

招标文件或者资格预审文件售出后，不予退还。除不可抗力原因外，招标人在发布招标公告、发出投标邀请书后或者售出招标文件或资格预审文件后不得终止招标。

《中华人民共和国招标投标法实施条例》

第三十一条 招标人终止招标的，应当及时发布公告，或者以书面形式通知被邀请的或者已经获取资格预审文件、招标文件的潜在投标人。已经发售资格预审文件、招标文件或者已经收取投标保证金的，招标人应当及时退还所收取的资格预审文件、招标文件的费用，以及所收取的投标保证金及银行同期存款利息。

71 法律对招标人定标有何规定？

问题描述 招标人如何依据法律规定规范定标？

法律解析 《中华人民共和国招标投标法》第四十条规定："招标人根据评标委员会提出的书面评标报告和推荐的中标候选人确定中标人。招标人也可以授权评标委员会直接确定中标人。"第四十一条规定："中标人的投标应当符合下列条件之一：（一）能够最大限度地满足招标文件中规定的各项综合评价标准；（二）能够满足招标文件的实质性要求，并且经评审的投标价格最低；但是投标价格低于成本的除外。"这是法律对评标工作最基本的要求。

除此之外，《中华人民共和国招标投标法实施条例》第五十四条规定："依法必须进行招标的项目，招标人应当自收到评标报告之日起 3 日内公示中标候选人，公示期不得少于 3 日。投标人或者其他利害关系人对依法必须进行招标的项目的评标结果有异议的，应当在中标候选人公示期间提出。招标人应当自收到异议之日起 3 日内作出答复；作出答复前，应当暂停招标投标活动。"第五十五条规定："国有资金占控股或者主导地位的依法必须进行招标的项目，招标人应当确定排名第一的中标候选人为中标人。排名第一的中标候选人放弃中标、因不可抗力不能履行合同、不按照招标文件要求提交履约保证金，或者被查实存在影响中标结果的违法行为等情形，不符合中标条件的，招标人可以按照评标委员会提出的中标候选人名单排序依次确定其他中标候选人为中标人，也可以重新招标。"上述规定，也是法律法规对招标人确定中标人的规定。

另外，《中华人民共和国招标投标法实施条例》第五十六条规定："中标候选人的经营、财务状况发生较大变化或者存在违法行为，招标人认为可能影响其履约能力的，应当在发出中标通知书前由原评标委员会按照招标文件规定的标准和方法审查确认。"

相关法律条文

《中华人民共和国招标投标法》

第四十条 评标委员会应当按照招标文件确定的评标标准和方法，对投标文件进行评审和比较；设有标底的，应当参考标底。评标委员会完成评标后，应当向招标人提出书面评标报告，并推荐合格的中标候选人。

招标人根据评标委员会提出的书面评标报告和推荐的中标候选人确定中标人。招标人也可以授权评标委员会直接确定中标人。

第四十一条　中标人的投标应当符合下列条件之一：

（一）能够最大限度地满足招标文件中规定的各项综合评价标准；

（二）能够满足招标文件的实质性要求，并且经评审的投标价格最低；但是投标价格低于成本的除外。

《中华人民共和国招标投标法实施条例》

第五十四条　依法必须进行招标的项目，招标人应当自收到评标报告之日起 3 日内公示中标候选人，公示期不得少于 3 日。

投标人或者其他利害关系人对依法必须进行招标的项目的评标结果有异议的，应当在中标候选人公示期间提出。招标人应当自收到异议之日起 3 日内作出答复；作出答复前，应当暂停招标投标活动。

第五十五条　国有资金占控股或者主导地位的依法必须进行招标的项目，招标人应当确定排名第一的中标候选人为中标人。排名第一的中标候选人放弃中标、因不可抗力不能履行合同、不按照招标文件要求提交履约保证金，或者被查实存在影响中标结果的违法行为等情形，不符合中标条件的，招标人可以按照评标委员会提出的中标候选人名单排序依次确定其他中标候选人为中标人，也可以重新招标。

第五十六条　中标候选人的经营、财务状况发生较大变化或者存在违法行为，招标人认为可能影响其履约能力的，应当在发出中标通知书前由原评标委员会按照招标文件规定的标准和方法审查确认。

72 法律对串通招标投标有何规定？

问题描述 对于防不胜防的串通招标投标，法律是如何规定的？

法律解析 串通招标投标，是指招标者与投标者之间或者投标者与投标者之间采用不正当手段，对招标投标事项进行串通，以排挤竞争对手或者损害招标者利益的行为。《中华人民共和国招标投标法》第三十二条规定："投标人不得相互串通投标报价，不得排挤其他投标人的公平竞争，损害招标人或者其他投标人的合法权益。投标人不得与招标人串通投标，损害国家利益、社会公共利益或者他人的合法权益。禁止投标人以向招标人或者评标委员会成员行贿的手段谋取中标。"同时，根据《工程建设项目施工招标投标办法》第七十四条的规定："投标人相互串通投标或者与招标人串通投标的，投标人以向招标人或者评标委员会成员行贿的手段谋取中标的，中标无效，由有关行政监督部门处中标项目金额千分之五以上千分之十以下的罚款，对单位直接负责的主管人员和其他直接责任人员处单位罚款数额百分之五以上百分之十以下的罚款；有违法所得的，并处没收违法所得；情节严重的，取消其一至二年的投标资格，并予以公告，直至由工商行政管理机关吊销营业执照；构成犯罪的，依法追究刑事责任。"

串通招标投标行为有可能触犯刑法，根据《中华人民共和国刑法》第二百二十三条的规定："投标人相互串通投标报价，损害招标人或者其他投标人利益，情节严重的，处三年以下有期徒刑或者拘役，并处或者单处罚金。投标人与招标人串通投标，损害国家、集体、公民的合法利益的，依照前款的规定处罚。"

相关法律条文

《中华人民共和国招标投标法实施条例》

第三十九条 禁止投标人相互串通投标。有下列情形之一的，属于投标人相互串通投标：

（一）投标人之间协商投标报价等投标文件的实质性内容；

（二）投标人之间约定中标人；

（三）投标人之间约定部分投标人放弃投标或者中标；

（四）属于同一集团、协会、商会等组织成员的投标人按照该组织要求协同投标；

（五）投标人之间为谋取中标或者排斥特定投标人而采取的其他联合行动。

第四十条 有下列情形之一的，视为投标人相互串通投标：

（一）不同投标人的投标文件由同一单位或者个人编制；

（二）不同投标人委托同一单位或者个人办理投标事宜；

（三）不同投标人的投标文件载明的项目管理成员为同一人；

（四）不同投标人的投标文件异常一致或者投标报价呈规律性差异；

（五）不同投标人的投标文件相互混装；

（六）不同投标人的投标保证金从同一单位或者个人的账户转出。

第四十一条　禁止招标人与投标人串通投标。有下列情形之一的，属于招标人与投标人串通投标：

（一）招标人在开标前开启投标文件并将有关信息泄露给其他投标人；

（二）招标人直接或者间接向投标人泄露标底、评标委员会成员等信息；

（三）招标人明示或者暗示投标人压低或者抬高投标报价；

（四）招标人授意投标人撤换、修改投标文件；

（五）招标人明示或者暗示投标人为特定投标人中标提供方便；

（六）招标人与投标人为谋求特定投标人中标而采取的其他串通行为。

《中华人民共和国招标投标法》

第三十二条　投标人不得相互串通投标报价，不得排挤其他投标人的公平竞争，损害招标人或者其他投标人的合法权益。

投标人不得与招标人串通投标，损害国家利益、社会公共利益或者他人的合法权益。

禁止投标人以向招标人或者评标委员会成员行贿的手段谋取中标。

第五十条　招标代理机构违反本法规定，泄露应当保密的与招标投标活动有关的情况和资料的，或者与招标人、投标人串通损害国家利益、社会公共利益或者他人合法权益的，处五万元以上二十五万元以下的罚款，对单位直接负责的主管人员和其他直接责任人员处单位罚款数额百分之五以上百分之十以下的罚款；有违法所得的，并处没收违法所得；情节严重的，禁止其一年至二年内代理依法必须进行招标的项目并予以公告，直至由工商行政管理机关吊销营业执照；构成犯罪的，依法追究刑事责任。给他人造成损失的，依法承担赔偿责任。

第五十三条　投标人相互串通投标或者与招标人串通投标的，投标人以向招标人或者评标委员会成员行贿的手段谋取中标的，中标无效，处中标项目金额千分之五以上千分之十以下的罚款，对单位直接负责的主管人员和其他直接责任人员处单位罚款数额百分之五以上百分之十以下的罚款；有违法所得的，并处没收违法所得；情节严重的，取消其一年至二年内参加依法必须进行招标的项目的投标资格并予以公告，直至由工商行政管理机关吊销营业执照；构成犯罪的，依法追究刑事责任。给他人造成损失的，依法承担赔偿责任。

《工程建设项目施工招标投标办法》

第七十四条 投标人相互串通投标或者与招标人串通投标的，投标人以向招标人或者评标委员会成员行贿的手段谋取中标的，中标无效，由有关行政监督部门处中标项目金额千分之五以上千分之十以下的罚款，对单位直接负责的主管人员和其他直接责任人员处单位罚款数额百分之五以上百分之十以下的罚款；有违法所得的，并处没收违法所得；情节严重的，取消其一至二年的投标资格，并予以公告，直至由工商行政管理机关吊销营业执照；构成犯罪的，依法追究刑事责任。给他人造成损失的，依法承担赔偿责任。投标人未中标的，对单位的罚款金额按照招标项目合同金额依照招标投标法规定的比例计算。

《中华人民共和国刑法》

第二百二十三条 串通投标罪投标人相互串通投标报价，损害招标人或者其他投标人利益，情节严重的，处三年以下有期徒刑或者拘役，并处或者单处罚金。

投标人与招标人串通投标，损害国家、集体、公民的合法利益的，依照前款的规定处罚。

73 招标采购中的回避问题有哪些具体情形？

问题描述 哪些人在招标过程中需要回避？

法律解析 回避制度源于司法程序，在行政执法程序中也有广泛运用，为保证招标投标过程和结果的公平和公正，我国招投标领域也建立了回避制度。具体情形如下：评标委员会成员与投标人有利害关系的，应当主动回避。在评标过程中，评标委员会成员有回避事由的，应当及时更换。被更换的评标委员会成员做出的评审结论无效，由更换后的评标委员会成员重新进行评审。根据《工程建设项目施工招标投标办法》第七十八条的规定："评标委员会成员应当回避而不回避，擅离职守，不按照招标文件规定的评标标准和方法评标，私下接触投标人，向招标人征询确定中标人的意向或者接受任何单位或者个人明示或者暗示提出的倾向或者排斥特定投标人的要求，对依法应当否决的投标不提出否决意见，暗示或者诱导投标人做出澄清、说明或者接受投标人主动提出的澄清、说明，或者有其他不能客观公正地履行职责行为的，有关行政监督部门责令改正；情节严重的，禁止其在一定期限内参加依法必须进行招标的项目的评标；情节特别严重的，取消其担任评标委员会成员的资格。"《中华人民共和国招标投标法》规定："与投标人有利害关系的人不得进入相关项目的评标委员会；已经进入的应当更换。"

另外，与招标人存在利害关系可能影响招标公正性的法人、其他组织或者个人，不得参加投标。单位负责人为同一人或者存在控股、管理关系的不同单位，不得参加同一标段投标或者未划分标段的同一招标项目投标，其实也是招投标领域回避制度的体现。

相关法律条文

《中华人民共和国招标投标法实施条例》

第三十四条 与招标人存在利害关系可能影响招标公正性的法人、其他组织或者个人，不得参加投标。

单位负责人为同一人或者存在控股、管理关系的不同单位，不得参加同一标段投标或者未划分标段的同一招标项目投标。

违反前两款规定的，相关投标均无效。

第四十六条 除招标投标法第三十七条第三款规定的特殊招标项目外，依法必须进行招标的项目，其评标委员会的专家成员应当从评标专家库内相关专业的专家名单中以随机抽取方式确定。任何单位和个人不得以明示、暗示等任何方式指定或者变相指定参加评标委员会的专家成员。

依法必须进行招标的项目的招标人非因招标投标法和本条例规定的事由，不得更换依法确定的评标委员会成员。更换评标委员会的专家成员应当依照前款规定进行。

评标委员会成员与投标人有利害关系的，应当主动回避。

有关行政监督部门应当按照规定的职责分工，对评标委员会成员的确定方式、评标专家的抽取和评标活动进行监督。行政监督部门的工作人员不得担任本部门负责监督项目的评标委员会成员。

第四十八条　招标人应当向评标委员会提供评标所必需的信息，但不得明示或者暗示其倾向或者排斥特定投标人。

招标人应当根据项目规模和技术复杂程度等因素合理确定评标时间。超过三分之一的评标委员会成员认为评标时间不够的，招标人应当适当延长。

评标过程中，评标委员会成员有回避事由、擅离职守或者因健康等原因不能继续评标的，应当及时更换。被更换的评标委员会成员做出的评审结论无效，由更换后的评标委员会成员重新进行评审。

《工程建设项目施工招标投标办法》

第七十八条　评标委员会成员应当回避而不回避，擅离职守，不按照招标文件规定的评标标准和方法评标，私下接触投标人，向招标人征询确定中标人的意向或者接受任何单位或者个人明示或者暗示提出的倾向或者排斥特定投标人的要求，对依法应当否决的投标不提出否决意见，暗示或者诱导投标人做出澄清、说明或者接受投标人主动提出的澄清、说明，或者有其他不能客观公正地履行职责行为的，有关行政监督部门责令改正；情节严重的，禁止其在一定期限内参加依法必须进行招标的项目的评标；情节特别严重的，取消其担任评标委员会成员的资格。

74 同一招标采购项目能否确定多个中标人？

问题描述 招标采购项目中，是否可以同时选取多个中标人？

法律解析 一般一个投标项目只能有一个中标单位，如果分标段的，每个标段只能有一个单位中标。对于国有资金占控股或者主导地位的依法必须进行招标的项目，招标人应当确定排名第一的中标候选人为中标人。排名第一的中标候选人放弃中标、因不可抗力提出不能履行合同、不按照招标文件的要求提交履约保证金，或者被查实存在影响中标结果的违法行为等情形，不符合中标条件的，招标人可以按照评标委员会提出的中标候选人名单排序依次确定其他中标候选人为中标人。

《政府采购货物和服务招标投标管理办法》第六十八条规定，采购人应当自收到评标报告之日起 5 个工作日内，在评标报告确定的中标候选人名单中按顺序确定中标人。中标候选人并列的，由采购人或者采购人委托评标委员会按照招标文件规定的方式确定中标人；招标文件未规定的，采取随机抽取的方式确定。采购人自行组织招标的，应当在评标结束后 5 个工作日内确定中标人。采购人在收到评标报告 5 个工作日内未按评标报告推荐的中标候选人顺序确定中标人，又不能说明合法理由的，视同按评标报告推荐的顺序确定排名第一的中标候选人为中标人。

相关法律条文

《中华人民共和国招标投标法实施条例》

第五十五条 国有资金占控股或者主导地位的依法必须进行招标的项目，招标人应当确定排名第一的中标候选人为中标人。排名第一的中标候选人放弃中标、因不可抗力不能履行合同、不按照招标文件要求提交履约保证金，或者被查实存在影响中标结果的违法行为等情形，不符合中标条件的，招标人可以按照评标委员会提出的中标候选人名单排序依次确定其他中标候选人为中标人，也可以重新招标。

《工程建设项目施工招标投标办法》

第五十七条 评标委员会推荐的中标候选人应当限定在一至三人，并标明排列顺序。招标人应当接受评标委员会推荐的中标候选人，不得在评标委员会推荐的中标候选人之外确定中标人。

第五十八条 国有资金占控股或者主导地位的依法必须进行招标的项目，招标人应当确定排名第一的中标候选人为中标人。排名第一的中标候选人放弃中标、因不可抗力提出不能履行合同、不按照招标文件的要求提交履约保证金，或者被查实存在影响中标结果的违法行为等情形，不符合中标条件的，招标人可以按照评标委员会提出的中标候选人名单排序依次确定其他中标候选人为中标人。依次确定其他中标候选人与招标人预期差距较大，或者对招标人明显不利的，招标人可以重新招标。

招标人可以授权评标委员会直接确定中标人。

国务院对中标人的确定另有规定的，从其规定。

《政府采购货物和服务招标投标管理办法》

第六十八条 采购代理机构应当在评标结束后 2 个工作日内将评标报告送采购人。

采购人应当自收到评标报告之日起 5 个工作日内，在评标报告确定的中标候选人名单中按顺序确定中标人。中标候选人并列的，由采购人或者采购人委托评标委员会按照招标文件规定的方式确定中标人；招标文件未规定的，采取随机抽取的方式确定。

采购人自行组织招标的，应当在评标结束后 5 个工作日内确定中标人。

采购人在收到评标报告 5 个工作日内未按评标报告推荐的中标候选人顺序确定中标人，又不能说明合法理由的，视同按评标报告推荐的顺序确定排名第一的中标候选人为中标人。

75 招投标方面投诉处理有何规定？

问题描述 本项目投标人或非本项目投标人投诉，应如何处理？

法律解析 利害关系人认为招标投标活动不符合招标投标法有关规定的，有权向招标人提出异议或者依法向有关行政监督部门投诉。利害关系人认为招标投标活动不符合法律、行政法规规定的，可以自知道或者应当知道之日起 10 日内向有关行政监督部门投诉。投诉应当有明确的请求和必要的证明材料。投诉人就同一事项向两个以上有权受理的行政监督部门投诉的，由最先收到投诉的行政监督部门负责处理。

行政监督部门应当自收到投诉之日起 3 个工作日内决定是否受理投诉，并自受理投诉之日起 30 个工作日内做出书面处理决定；需要检验、检测、鉴定、专家评审的，所需时间不计算在内。投诉人捏造事实、伪造材料或者以非法手段取得证明材料进行投诉的，行政监督部门应当予以驳回。

投标人和利害关系人以外的人进行举报的，作为招标投标行政管理部门进行监管查处招标投标违法行为的线索，不按投诉程序处理。

相关法律条文

《中华人民共和国招标投标法》

第六十五条 投标人和其他利害关系人认为招标投标活动不符合本法有关规定的，有权向招标人提出异议或者依法向有关行政监督部门投诉。

《中华人民共和国招标投标法实施条例》

第六十条 投标人或者其他利害关系人认为招标投标活动不符合法律、行政法规规定的，可以自知道或者应当知道之日起 10 日内向有关行政监督部门投诉。投诉应当有明确的请求和必要的证明材料。

就本《条例》第二十二条、第四十四条、第五十四条规定事项投诉的，应当先向招标人提出异议，异议答复期间不计算在前款规定的期限内。

第六十一条 投诉人就同一事项向两个以上有权受理的行政监督部门投诉的，由最先收到投诉的行政监督部门负责处理。

行政监督部门应当自收到投诉之日起 3 个工作日内决定是否受理投诉，并自受理投诉之日起 30 个工作日内做出书面处理决定；需要检验、检测、鉴定、专家评审的，所需时间不计算在内。

投诉人捏造事实、伪造材料或者以非法手段取得证明材料进行投诉的，行政监督部门应当予以驳回。

《工程建设项目招标投标活动投诉处理办法》

第三条 投标人或者其他利害关系人认为招标投标活动不符合法律、法规和规章规定的，有权依法向有关行政监督部门投诉。

前款所称其他利害关系人是指投标人以外的，与招标项目或者招标活动有直接和间接利益关系的法人、其他组织和自然人。

第二十条 行政监督部门应当根据调查和取证情况，对投诉事项进行审查，按照下列规定做出处理决定：

（一）投诉缺乏事实根据或者法律依据的，或者投诉人捏造事实、伪造材料或者以非法手段取得证明材料进行投诉的，驳回投诉；

（二）投诉情况属实，招标投标活动确实存在违法行为的，依据《中华人民共和国招标投标法》《中华人民共和国招标投标法实施条例》及其他有关法规、规章。

76 投标报价低于成本价报价的，应如何认定？

问题描述 低于成本价的报价怎样认定，实际操作中需要注意哪些问题？

法律解析 在招投标过程中界定投标人的报价是否低于其成本尤为重要。如果被评标委员会认定为低于企业成本价，将作无效标处理，被认定为合理低价将会增加其中标机会。评定投标报价低于成本价的关键：一是评标委员会主动发现低于成本价的可能；二是投标人书面提供说明和证明材料，自证未低于成本价；三是评标委员会根据投标文件及投标人证明材料最终判定。

低于成本价报价的认定方法主要有两种。方法一：取所有投标人报价的平均值，然后下浮一定比例后得出一个合理价格，低于该价格的报价，就视为低于成本报价，按无效投标处理。在此，这个下浮的幅度或比例，是根据项目类别的不同来设定的。但这种方法往往引发两方面问题，一是容易受投标人操纵，一旦投标人串通报价，平均值就失去参照意义，而据此算出来的合理价格也就"不合理"了，而且这一办法还会促使投标人围标、串标；二是与有关法规相抵触，设定的所谓合理价格，实际上是设置了最低限价，因法规只允许设置最高限价，因此这种做法值得商榷。方法二：当投标人的报价明显低于其他投标人的报价时，可质询该投标人，经质询后不能在规定时间内说明理由，或虽说明理由但不能被认可的，再按无效标处理。这种做法操作起来要复杂一些，但符合政府相关法规要求，值得推荐。

相关法律条文 >>>

《中华人民共和国招标投标法》

第三十三条　投标人不得以低于成本的报价竞标，也不得以他人名义投标或者以其他方式弄虚作假，骗取中标。

第四十一条　中标人的投标应当符合下列条件之一：

（一）能够最大限度地满足招标文件中规定的各项综合评价标准；

（二）能够满足招标文件的实质性要求，并且经评审的投标价格最低；但是投标价格低于成本的除外。

《中华人民共和国招标投标法实施条例》

第五十一条　有下列情形之一的，评标委员会应当否决其投标：

（一）投标文件未经投标单位盖章和单位负责人签字；

（二）投标联合体没有提交共同投标协议；

（三）投标人不符合国家或者招标文件规定的资格条件；

（四）同一投标人提交两个以上不同的投标文件或者投标报价，但招标文件要求提交备选投标的除外；

（五）投标报价低于成本或者高于招标文件设定的最高投标限价；

（六）投标文件没有对招标文件的实质性要求和条件做出响应；

（七）投标人有串通投标、弄虚作假、行贿等违法行为。

《评标委员会和评标方法暂行规定》

第二十一条　在评标过程中，评标委员会发现投标人的报价明显低于其他投标报价或者在设有标底时明显低于标底，使得其投标报价可能低于其个别成本的，应当要求该投标人做出书面说明并提供相关证明材料。投标人不能合理说明或者不能提供相关证明材料的，由评标委员会认定该投标人以低于成本报价竞标，应当否决其投标。

第五章

劳 动 关 系

77 若仓库搬运工在搬运货物时受伤，供电企业应如何处理？

问题描述 某物资搬运工作中，由于需搬运的物资较多，物资公司让业务单位搬运公司派搬运工进行物资搬运工作，搬运中搬运公司派出的搬运工受伤，如何处理相关损害赔偿？

法律解析 物资公司与搬运公司之间是平等主体之间的搬运合同关系，搬运公司与搬运工之间是劳动关系。搬运公司指派搬运工到物资公司仓库从事搬运工作，是搬运公司履行搬运合同义务。换而言之，搬运工是在为搬运公司提供劳动，而不是为物资公司提供劳动，搬运工在搬运合同项下处于履行辅助人的法律地位。

理清了上述法律关系，就可以进一步分析搬运工受伤后如何处理相关损害赔偿的问题。如果搬运工受伤是物资公司工作人员的过错，或与搬运工的混合过错所致，则存在第三人侵权同时构成工伤的问题。该情形下，搬运工既可以向物资公司要求承担侵权责任，也可以向工伤保险基金或者搬运公司要求享受工伤保险待遇。搬运工选择向工伤保险基金或者搬运公司要求享受工伤保险待遇的，工伤保险基金或者搬运公司在支付工伤保险待遇后可以在物资公司应承担的责任范围内向物资公司进行追偿。

如果搬运工受伤是其从事搬运工作中自身不慎所致，则单纯为一起工伤事故，物资公司无需承担责任。由于搬运工与搬运公司之间是劳动关系，搬运公司对搬运工在工作时间、工作地点，因工作原因造成的事故伤害应当根据我国《工伤保险条例》的规定向人力资源和社会保障部门申请工伤认定。认为可能构成伤残的，可以向劳动能力鉴定委员会申请劳动能力鉴定。

需要指出的是，根据我国《工伤保险条例》的规定，该搬运工为工伤的，可以享受工伤医疗待遇，包括医疗费、住院伙食补助费，停工留薪期工资待遇等。如果构成伤残的，还可以享受伤残待遇。搬运工依法参加工伤保险的，有一部分工伤保险待遇由工伤保险基金支付，可以向工伤保险经办机构申领该部分工伤保险待遇。如果该搬运工未参加工伤保险的，根据《工伤保险条例》的规定，应当由作为用人单位的搬运公司承担。

相关法律条文 ➤➤➤

《中华人民共和国侵权责任法》

第二十六条　被侵权人对损害的发生也有过错的，可以减轻侵权人的责任。

第三十四条　用人单位的工作人员因执行工作任务造成他人损害的，由用人单位承担侵权责任。

劳务派遣期间，被派遣的工作人员因执行工作任务造成他人损害的，由接受劳务派遣的用工单位承担侵权责任；劳务派遣单位有过错的，承担相应的补充责任。

《浙江省工伤保险条例》

第三十二条　因第三人的原因造成工伤，工伤职工可以先向第三人要求赔偿，也可以直接向工伤保险基金或者用人单位要求支付工伤保险待遇。

工伤职工先向第三人要求赔偿后，赔偿数额低于其依法应当享受的工伤保险待遇的，可以就差额部分要求工伤保险基金或者用人单位支付。

工伤职工直接向工伤保险基金或者用人单位要求支付工伤保险待遇的，工伤保险基金或者用人单位有权在其支付的工伤保险待遇范围内向第三人追偿，工伤职工应当配合追偿。

法律、行政法规对因第三人原因造成工伤的赔偿做出明确规定的，依照法律、行政法规规定执行。

78 劳务派遣仓管员在搬运货物时受伤，供电企业应如何处理相关损害赔偿？

问题描述 某物资搬运工作中，劳务派遣人员腰肌受损，如何处理相关损害赔偿？

法律解析 劳务派遣作为一种新型用工方式，涉及三方法律关系，其中劳务派遣单位是用人单位，与被派遣劳动者之间是劳动关系，与接受劳务派遣的单位之间是劳务派遣民事合同关系。在劳务派遣用工方式中，劳务派遣单位是用人单位，接受劳务派遣的单位是用工单位。劳务派遣的劳动者在搬运物资过程中腰肌受损，属于工作时间、工作场所，因工作原因遭受事故伤害，应当认定为工伤。

劳务派遣员工遭受职业伤害后，接受劳务派遣的用工单位应当及时告知劳务派遣单位，由劳务派遣单位在事故发生之日起 30 日内向当地人力资源和社会保障局申请工伤认定。如果已经超过 30 日的，可以告知劳务派遣员工在事故发生之日起一年内向当地人力资源和社会保障局申请工伤认定。工伤认定决定做出后，如果认为可能构成伤残的，可以向劳动能力鉴定委员会申请劳动能力鉴定。

劳务派遣员工工伤的，根据我国《工伤保险条例》的规定，可以享受工伤医疗待遇，包括医疗费、住院伙食补助费，停工留薪期工资待遇等。如果构成伤残的，还可以享受伤残待遇。

需要注意的是，劳务派遣员工依法参加工伤保险的，有一部分工伤保险待遇由工伤保险基金支付，可以向工伤保险经办机构申领该部分工伤保险待遇。如果劳务派遣员工未参加工伤保险的，根据《工伤保险条例》的规定，应当由派遣单位承担。接受劳务派遣的单位对劳务派遣员工未参加工伤保险有过错的（比如劳务派遣协议约定不为劳务派遣员工参加工伤保险的），将承担连带责任。劳务派遣单位与接受劳务派遣的单位之间的权利义务可以根据劳务派遣协议的约定处理。

劳务派遣员工在搬运物资过程中腰肌受伤如构成 7~10 级伤残，劳务派遣员工要求解除劳动合同，或者劳动合同期满不续签的，该劳务派遣员工还可以享受一次性工伤医疗补助金和一次性伤残就业补助金。其中，该劳务派遣员工参加工伤保险的，一次性工伤医疗补助金由工伤保险基金支付。

《中华人民共和国劳动合同法》

第五十八条 劳务派遣单位是本法所称用人单位，应当履行用人单位对劳动者的义务。劳务派遣单位与被派遣劳动者订立的劳动合同，除应当载明本法第十七条规定的事项外，还应当载明被派遣劳动者的用工单位以及派遣期限、工作岗位等情况。

劳务派遣单位应当与被派遣劳动者订立二年以上的固定期限劳动合同，按月支付劳动报酬；被派遣劳动者在无工作期间，劳务派遣单位应当按照所在地人民政府规定的最低工资标准，向其按月支付报酬。

第五十九条 劳务派遣单位派遣劳动者应当与接受以劳务派遣形式用工的单位（以下称用工单位）订立劳务派遣协议。劳务派遣协议应当约定派遣岗位和人员数量、派遣期限、劳动报酬和社会保险费的数额与支付方式以及违反协议的责任。

用工单位应当根据工作岗位的实际需要与劳务派遣单位确定派遣期限，不得将连续用工期限分割订立数个短期劳务派遣协议。

《浙江省工伤保险条例》

第三十条 劳务派遣单位应当按照规定参加工伤保险，为被派遣劳动者缴纳工伤保险费。被派遣劳动者在用工单位因工作遭受事故伤害或者患职业病的，由劳务派遣单位承担工伤保险责任。

劳务派遣单位跨地区派遣劳动者的，应当在用工单位所在地为被派遣劳动者参加工伤保险。

第三十三条 用人单位未依法参加工伤保险或者未足额缴纳工伤保险费，其职工发生工伤的，由用人单位按照国家和省规定的工伤保险待遇项目和标准支付费用或者支付差额部分费用。

79 已经依法享受养老保险待遇或领取退休金的劳动者在上班途中受伤，其向聘用单位主张工伤的，供电企业应如何处理？

问题描述 单位返聘的退休员工（指已经依法享受基本养老保险待遇或领取退休金的劳动者，下同）如果在前往单位上班途中受伤，其是否可以向单位申请工伤？

法律解析 单位返聘的退休员工与用人单位之间是劳动关系还是劳务关系，决定了其是否可以申请工伤认定。根据《中华人民共和国劳动合同法》第四十四条第（二）项的规定，劳动者开始依法享受基本养老保险待遇的，劳动合同终止。《最高人民法院关于审理劳动争议案件适用法律若干问题的解释（三）》第七条规定："用人单位与其招用的已经依法享受养老保险待遇或领取退休金的人员发生用工争议，向人民法院提起诉讼的，人民法院应当按劳务关系处理。"据此，用人单位返聘退休员工，双方之间是劳务关系，而非劳动关系。

我国《工伤保险条例》第十八条规定："提出工伤认定申请应当提交下列材料：（二）与用人单位存在劳动关系（包括事实劳动关系）的证明材料。"表明工伤认定的前提之一是劳动者与用人单位之间存在劳动关系。由于返聘的退休职工与用人单位之间不存在劳动关系，也就意味着不符合工伤认定的前提条件。

需要注意的是，《人力资源社会保障部关于执行〈工伤保险条例〉若干问题的意见（二）》（人社部发〔2016〕29号）规定："用人单位招用已经达到、超过法定退休年龄或已经领取城镇职工基本养老保险待遇的人员，在用工期间因工作原因受到事故伤害或患职业病的，如招用单位已按项目参保等方式为其缴纳工伤保险费的，应适用《工伤保险条例》。"《浙江省工伤保险条例》第三十九条规定："经省社会保险行政部门批准，市、县可以试行职业技工等学校的学生在实习期间和已超过法定退休年龄人员在继续就业期间参加工伤保险。省社会保险行政部门应当加强指导。"换而言之，已超过法定退休年龄，但仍在继续就业期间的员工参加工伤保险的，可以申请工伤认定。

相关法律条文 >>>

《中华人民共和国劳动合同法》
第四十四条　有下列情形之一的，劳动合同终止：
（一）劳动合同期满的；
（二）劳动者开始依法享受基本养老保险待遇的；
（三）劳动者死亡，或者被人民法院宣告死亡或者宣告失踪的；

（四）用人单位被依法宣告破产的；

（五）用人单位被吊销营业执照、责令关闭、撤销或者用人单位决定提前解散的；

（六）法律、行政法规规定的其他情形。

《工伤保险条例》

第十八条　提出工伤认定申请应当提交下列材料：

（一）工伤认定申请表；

（二）与用人单位存在劳动关系（包括事实劳动关系）的证明材料；

（三）医疗诊断证明或者职业病诊断证明书（或者职业病诊断鉴定书）。

工伤认定申请表应当包括事故发生的时间、地点、原因以及职工伤害程度等基本情况。

工伤认定申请人提供材料不完整的，社会保险行政部门应当一次性书面告知工伤认定申请人需要补正的全部材料。申请人按照书面告知要求补正材料后，社会保险行政部门应当受理。

《最高人民法院关于审理劳动争议案件适用法律若干问题的解释（三）》

第七条　用人单位与其招用的已经依法享受养老保险待遇或领取退休金的人员发生用工争议，向人民法院提起诉讼的，人民法院应当按劳务关系处理。

《人力资源社会保障部关于执行〈工伤保险条例〉若干问题的意见（二）》（人社部发〔2016〕29号）

二、达到或超过法定退休年龄，但未办理退休手续或者未依法享受城镇职工基本养老保险待遇，继续在原用人单位工作期间受到事故伤害或患职业病的，用人单位依法承担工伤保险责任。

用人单位招用已经达到、超过法定退休年龄或已经领取城镇职工基本养老保险待遇的人员，在用工期间因工作原因受到事故伤害或患职业病的，如招用单位已按项目参保等方式为其缴纳工伤保险费的，应适用《工伤保险条例》。

80 前往工作途中发生交通事故的，能否认定为工伤？

问题描述 若某供电企业员工在夜间抢修时，使用自有车辆前往现场，期间因驾驶不慎引发交通事故，造成个人损伤，是否可以认定工伤？

法律解析 供电企业员工如果在单位值班期间参与外出抢修，驾驶自有车辆前往现场，途中发生非本人主要责任的交通事故的，供电企业可以根据我国《工伤保险条例》第十四条第（六）项的规定，向人力资源和社会保障局申请工伤认定。供电企业员工下班回家后，接到抢修命令，驾驶自有车辆前往现场，途中发生交通事故造成个人损伤，能否认定为工伤，实务中存有争议。

职工下班后接到抢修命令驾驶自有车辆前往现场如果认定为上班途中的，则根据我国《工伤保险条例》第十四条第（六）项的规定，上下班途中认定工伤的前提是"受到非本人主要责任的交通事故伤害或者城市轨道交通、客运轮渡、火车事故伤害的"。换而言之，职工对所发生的事故不负事故责任，或负事故次要责任、同等责任，可以认定为工伤；职工对所发生的事故负全部责任或主要责任的，不得认定为工伤。

鉴于所涉问题存有争议，建议在该类事故发生后，用人单位及时向人力资源和社会保障部门申请工伤认定。因为用人单位未自事故伤害发生之日起30日提出工伤认定申请，日后职工或其近亲属提出工伤认定申请，且被人力资源和社会保障行政部门认定为工伤的，会造成工伤保险基金对在此期间的工伤保险待遇不负担支付义务，而由用人单位负担的法律后果。

相关法律条文

《工伤保险条例》

第十四条 职工有下列情形之一的，应当认定为工伤：

（一）在工作时间和工作场所内，因工作原因受到事故伤害的；

（二）工作时间前后在工作场所内，从事与工作有关的预备性或者收尾性工作受到事故伤害的；

（三）在工作时间和工作场所内，因履行工作职责受到暴力等意外伤害的；

（四）患职业病的；

（五）因工外出期间，由于工作原因受到伤害或者发生事故下落不明的；

（六）在上下班途中，受到非本人主要责任的交通事故或者城市轨道交通、客运轮渡、火车事故伤害的；

（七）法律、行政法规规定应当认定为工伤的其他情形。

81 上班期间，使用自有车辆进行工作而发生事故的，是否属于工伤？

问题描述 由于公车数量有限，供电所很多工作都是工作人员驾驶自有车辆前往，如果在去工作的过程中发生事故，是否属于工伤？

法律解析 职工驾驶自有车辆发生交通事故是否认定为工伤，应具体问题具体分析。职工驾驶自有车辆到供电所上班，途中受到非本人主要责任的交通事故伤害的，应认定为工伤。换而言之，职工对交通事故负有主要责任或全部责任，则不应认定为工伤。职工到供电所上班后，驾驶自有车辆前往抢修场所或其他工作场所途中发生交通事故的，属于工作时间，职工外出属于因工外出，途中发生交通事故受伤属于因工作原因受伤，此时无论职工是否负有事故责任，供电企业可以向人力资源和社会保障局申请工伤认定。

需要注意的是，还有一种情形，即职工直接从家里出发到抢修场所或其他工作场所，途中发生交通事故应如何认定？实务中存有争议，该种情形属于合理时间内其他合理线路的应按照职工上下班途中处理。

相关法律条文 ▶▶

《工伤保险条例》

第十四条 职工有下列情形之一的，应当认定为工伤：

（一）在工作时间和工作场所内，因工作原因受到事故伤害的；

（二）工作时间前后在工作场所内，从事与工作有关的预备性或者收尾性工作受到事故伤害的；

（三）在工作时间和工作场所内，因履行工作职责受到暴力等意外伤害的；

（四）患职业病的；

（五）因工外出期间，由于工作原因受到伤害或者发生事故下落不明的；

（六）在上下班途中，受到非本人主要责任的交通事故或者城市轨道交通、客运轮渡、火车事故伤害的；

（七）法律、行政法规规定应当认定为工伤的其他情形。

82 员工开自有车辆外出工作，发生交通事故，相应的损失超过保险范围的，差额应如何承担？

问题描述 外出工作，因没有可用的生产用车，工作人员开自有车辆前往工作地点。如果路上发生交通事故，造成的车辆和人员损伤的费用超过了保险公司在保险范围内应承担的费用，此差额由谁来承担？

法律解析 员工外出工作，因没有可用的生产用车，工作人员自行开自有车辆前往工作地点，路上发生交通事故造成车辆和人员损伤的处理应当具体问题具体分析。道路交通事故造成第三人财产和人身损害的，因员工驾驶自有车辆外出工作是执行工作任务，根据《中华人民共和国侵权责任法》第三十四条的规定，用人单位是侵权责任主体，在机动车交强险和第三者责任商业保险赔偿不足的，该部分差额应当由该员工所在的用人单位承担赔偿责任。

道路交通事故造成员工的车辆损失部分，应当由侵权的第三人承担赔偿责任，第三人投保了机动车交强险和第三者责任商业保险的，应当由保险公司在交强险财产损失限额内赔偿，不足部分根据双方责任大小按比例分担，其中第三人投保第三者商业保险的，根据商业保险合同的约定由保险公司赔付。员工因自身过错减轻侵权第三人责任而未得到弥补部分的损失，由该员工自行承担。员工投保车辆损失险的，可以向本车投保的保险公司申请理赔车辆损失险。

道路交通事故造成员工人身伤害的，因该员工是外出工作受到事故伤害，属于第三人侵权同时构成工伤的情形。依照《最高人民法院第八次全国法院民事商事审判工作会议（民事部分纪要）》有关"用人单位未依法缴纳工伤保险费，劳动者因第三人侵权造成人身损害并构成工伤，侵权人已经赔偿的，劳动者有权请求用人单位支付除医疗费之外的工伤保险待遇。用人单位先行支付工伤保险待遇的，可以就医疗费用在第三人应承担的赔偿责任范围内向其追偿"的规定，第三人侵权同时构成工伤的，实行有限兼得模式，即所谓双赔规则。

需要指出的是，2018年1月1日施行的《浙江省工伤保险条例》一改过去的有限兼得模式，该条例第三十二条确立了补差模式。也就是说，根据《浙江省工伤保险条例》的规定，应当对员工受伤从第三人处获得的侵权赔偿与其应可享受的工伤保险待遇进行比较，如获得的侵权赔偿超过其可享受的工伤保险待遇的，工伤保险基金和用人单位不再支付工伤保险待遇，低于可享受的工伤保险待遇的，可以就差额部分要求工伤保险基金或者用人单位支付。

《中华人民共和国侵权责任法》

第三十四条　用人单位的工作人员因执行工作任务造成他人损害的，由用人单位承担侵权责任。

劳务派遣期间，被派遣的工作人员因执行工作任务造成他人损害的，由接受劳务派遣的用工单位承担侵权责任；劳务派遣单位有过错的，承担相应的补充责任。

《浙江省工伤保险条例》

第三十二条　因第三人的原因造成工伤，工伤职工可以先向第三人要求赔偿，也可以直接向工伤保险基金或者用人单位要求支付工伤保险待遇。

工伤职工先向第三人要求赔偿后，赔偿数额低于其依法应当享受的工伤保险待遇的，可以就差额部分要求工伤保险基金或者用人单位支付。

工伤职工直接向工伤保险基金或者用人单位要求支付工伤保险待遇的，工伤保险基金或者用人单位有权在其支付的工伤保险待遇范围内向第三人追偿，工伤职工应当配合追偿。

法律、行政法规对因第三人原因造成工伤的赔偿做出明确规定的，依照法律、行政法规规定执行。

83 如何签订竞业限制协议才能保护劳资双方权益?

问题描述 随着电力体制改革的深入,配售电市场竞争形势日趋严峻,人才流失逐渐显现,供电企业的人才流失易伴随商业机密的外泄。目前,供电企业正在研究与关键岗位的职工签订竞业限制协议,如何操作才能最大限度保护企业的合法权益,防范法律纠纷?

法律解析 竞业限制是指用人单位对高级管理人员、高级技术人员和其他负有保密义务的人员,在劳动合同、保密协议中订立竞业限制条款或单独订立竞业限制协议,约定劳动者在终止或解除劳动合同后的一定期限内不得在生产同类产品、经营同类业务、从事同类业务或有其他竞争关系的用人单位任职,也不得自己生产与原单位有竞争关系的同类产品或经营同类业务。《中华人民共和国劳动合同法》第二十三条、第二十四条对竞业限制作了规定。

根据《中华人民共和国劳动合同法》的规定,以及仲裁与司法实践,在签订和履行竞业限制协议中应注意以下事项:

一、合理确定竞业限制的对象。根据《中华人民共和国劳动合同法》第二十三条、第二十四条的规定,竞业限制的对象限于高级管理人员、高级技术人员和其他负有保密义务的人员。换而言之,竞业限制协议的对象不能无限扩大,仅限于前述三种人员。故在确定关键岗位人员时,如该部分人员不属于公司高级管理人员或高级技术人员的,可以将该部分需要竞业限制的对象确定为"其他负有保密义务的人员",在劳动合同中订定保密义务条款,同时订定竞业限制条款,或单独订立竞业限制协议。

二、订定在职竞业限制条款。一般而言,竞业限制是指劳动者在终止或解除劳动合同后的一定期限内不得竞业。对于负有竞业限制义务的劳动者在职期间是否当然限制竞业,实务中素有争议。为此,有必要对竞业限制对象在劳动合同、保密协议或竞业限制协议中订定在职竞业限制条款。

三、科学确定竞业限制期限、范围和地域。根据《中华人民共和国劳动合同法》第二十四条的规定,竞业限制期限最长为劳动合同解除或终止后二年。换而言之,超过二年的,超过部分的期限无效。考虑到竞业限制是需要向劳动者支付补偿金的,故确定具体期限时应综合考量各种因素。另外,竞业限制的范围和地域确定得越广越有利于用人单位,但不得违反法律法规的规定。

四、合理确定竞业限制的经济补偿的标准。根据《中华人民共和国劳动合同法》的规定,需要在竞业限制期限内按月给予劳动者经济补偿。如果约定不给予补偿或没有约定补偿，将产生竞业限制协议对劳动者没有约束力，或者劳动者根据《最高人民法院关于审理劳动争议案件适用法律若干问题的解释（四）》第六条的规定，主张按照劳动合同解除或者终止前十二个月平均工资的 30% 按月支付经济补偿的法律风险。当然，约定的经济补偿标准不能低于劳动合同履行地人民政府规定的最低工资标准。

五、订定适当的违约金责任条款。劳动者违反竞业限制协议，如果违约成本过低，则起不到竞业限制的效果。所以，应当订定违约金责任条款，并确定适当比例或金额的违约金。同时约定"违约金不足以弥补经济损失的，尚应赔偿因劳动者违反竞业限制使用人单位所遭受的经济损失"。

六、无竞业限制必要时应及时解除竞业限制协议。有些劳动者当初订立了竞业限制条款或协议，但后来调整了工作岗位，或其他原因，离职时已经丧失竞业限制的价值和必要，此时应当在办理离职手续时一并解除竞业限制协议。在离职后发现无竞业限制必要的，应及时通知解除竞业限制协议，并固定保管好通知解除的证据。如不及时解除竞业限制协议，将可能产生劳动者经过一段时间以已履行了竞业限制协议向公司主张经济补偿的法律风险。

相关法律条文 ➤➤

《中华人民共和国劳动合同法》

第二十三条　用人单位与劳动者可以在劳动合同中约定保守用人单位的商业秘密和与知识产权相关的保密事项。

对负有保密义务的劳动者，用人单位可以在劳动合同或者保密协议中与劳动者约定竞业限制条款，并约定在解除或者终止劳动合同后，在竞业限制期限内按月给予劳动者经济补偿。劳动者违反竞业限制约定的，应当按照约定向用人单位支付违约金。

第二十四条　竞业限制的人员限于用人单位的高级管理人员、高级技术人员和其他负有保密义务的人员。竞业限制的范围、地域、期限由用人单位与劳动者约定，竞业限制的约定不得违反法律、法规的规定。

在解除或者终止劳动合同后，前款规定的人员到与本单位生产或者经营同类产品、从事同类业务的有竞争关系的其他用人单位，或者自己开业生产或者经营同类产品、从事同类业务的竞业限制期限，不得超过二年。

第九十条　劳动者违反本法规定解除劳动合同，或者违反劳动合同中约定的保密义务或者竞业限制，给用人单位造成损失的，应当承担赔偿责任。

《最高人民法院关于审理劳动争议案件适用法律若干问题的解释（四）》

第六条　当事人在劳动合同或者保密协议中约定了竞业限制，但未约定解除或者终止劳动合同后给予劳动者经济补偿，劳动者履行了竞业限制义务，要求用人单位按照劳动者在劳动合同解除或者终止前十二个月平均工资的30%按月支付经济补偿的，人民法院应予支持。

前款规定的月平均工资的30%低于劳动合同履行地最低工资标准的，按照劳动合同履行地最低工资标准支付。

第七条　当事人在劳动合同或者保密协议中约定了竞业限制和经济补偿，当事人解除劳动合同时，除另有约定外，用人单位要求劳动者履行竞业限制义务，或者劳动者履行了竞业限制义务后要求用人单位支付经济补偿的，人民法院应予支持。

第八条　当事人在劳动合同或者保密协议中约定了竞业限制和经济补偿，劳动合同解除或者终止后，因用人单位的原因导致三个月未支付经济补偿，劳动者请求解除竞业限制约定的，人民法院应予支持。

第九条　在竞业限制期限内，用人单位请求解除竞业限制协议时，人民法院应予支持。

在解除竞业限制协议时，劳动者请求用人单位额外支付劳动者三个月的竞业限制经济补偿的，人民法院应予支持。

第十条　劳动者违反竞业限制约定，向用人单位支付违约金后，用人单位要求劳动者按照约定继续履行竞业限制义务的，人民法院应予支持。

《浙江省高级人民法院民事审判第一庭、浙江省劳动人事争议仲裁院关于审理劳动争议案件若干问题的解答（三）》

二、用人单位与劳动者约定了竞业限制，但未约定经济补偿或者约定的经济补偿过低，竞业限制条款或协议的效力如何认定？

答：用人单位与劳动者约定了竞业限制，但未约定经济补偿或约定的经济补偿过低的，不影响竞业限制条款或协议的效力。

用人单位可按照劳动者在劳动合同解除或者终止前十二个月平均工资的30%按月支付或补足经济补偿。该标准低于劳动合同履行地最低工资标准的，按照劳动合同履行地最低工资标准支付。

劳动合同解除或者终止后，因用人单位原因未支付经济补偿达三个月，劳动者此后实施了竞业限制行为，视为劳动者已以其行为提出解除竞业限制约定，用人单位要求劳动者承担违反竞业限制违约责任的，不予支持。

三、用人单位依据竞业限制协议向劳动者支付了经济补偿，而劳动者违反了竞业限制约定，用人单位除要求劳动者承担违约金外，还要求其返还已收取的经济补偿，能否支持？

答：劳动者违反竞业限制约定，用人单位要求劳动者返还违反竞业限制约定期间用人单位向其支付的经济补偿的，应予支持。对劳动者履行竞业限制约定期间用人单位向其支付的经济补偿，用人单位要求返还的，不予支持。

用人单位向劳动者一次性支付经济补偿的，应当将经济补偿数额进行折算，对劳动者违反竞业限制约定期间相对应的经济补偿予以返还。

四、劳动者违反竞业限制约定并泄露用人单位商业秘密，用人单位诉请劳动者承担商业秘密侵权责任，又要求劳动者承担违反竞业限制违约责任的，能否支持？

答：劳动者违反竞业限制约定不以泄露商业秘密为条件，两者是不同行为。用人单位根据《反不正当竞争法》要求劳动者承担商业秘密侵权责任，又根据竞业限制条款或协议要求劳动者就其违反竞业限制约定的行为承担违约责任的，可予支持。

五、用人单位与劳动者约定在劳动者任职期间及离职后一定期间内不能到其他单位从事或自行从事与本单位相竞争的工作，并约定了违约责任。劳动者在职期间违反前述约定，用人单位以竞业限制为由要求劳动者承担责任的，能否支持？

答：竞业限制期间包括但不限于劳动合同解除或者终止后，用人单位与劳动者就劳动者在职期间的竞业限制义务做出约定的，应属有效。用人单位要求劳动者就其在职期间违反竞业限制约定的行为承担责任的，可予支持。

劳动者要求用人单位就其在职期间履行竞业限制义务支付经济补偿，或者以用人单位未支付经济补偿为由主张在职期间竞业限制约定无效的，不予支持。

《浙江省高级人民法院民事审判第一庭、浙江省劳动人事争议仲裁院关于审理劳动争议案件若干问题的解答（四）》

六、劳动合同依法解除或者终止时，用人单位提出解除竞业限制协议，是否支持？劳动者请求用人单位额外支付三个月的竞业限制经济补偿，是否支持？

答：劳动合同依法解除或者终止时，用人单位提出解除竞业限制协议的，应予支持。劳动者请求用人单位额外支付三个月竞业限制经济补偿的，不予支持。

84 如何解除劳务合同？

问题描述 被派遣劳动者在用工单位工作过程中未遵守相关劳动纪律，应如何与其解除合同？

法律解析 劳务派遣是一种新型用工方式，造成"有劳动没关系，有关系没劳动"的雇佣与使用相分离的状况。劳务派遣涉及三方当事人的法律关系，劳务派遣单位与劳务接受单位的劳务派遣合同关系，劳务派遣单位与被派遣劳动者的劳动合同关系，以及劳务接受单位与被派遣劳动者之间的用工关系，其中劳务派遣单位是用人单位，劳务接受单位是用工单位。

被派遣劳动者在用工单位工作期间应当遵守用工单位的规章制度，被派遣劳动者违反用工单位的劳动纪律，达到《中华人民共和国劳动合同法》第三十九条第（二）项规定的严重违反规章制度的情形，劳务接受单位可以将被派遣的劳动者退回劳务派遣单位，由劳务派遣单位根据《中华人民共和国劳动合同法》第三十九条第（二）项的规定解除劳动合同。

但并不是任何未遵守劳动纪律的行为都可以解除劳动合同，必须是严重违反规章制度的行为才能解除劳动合同。所以，用工单位必须要有规章制度，且规章制度规定了某种行为应当做或者禁止做，以及违反该规定可以或应当解除劳动合同的后果。另外，要有证据证明被派遣劳动者存在严重违反规章制度的行为。

需要指出的是，《中华人民共和国劳动合同法》对企业规章制度进行了严格的规范，即一项规章制度能够成为处理劳动争议的依据，必须满足两个条件：①该规章制度经过了民主议定程序；②该规章制度履行了公示或告知义务。

相关法律条文 ▶▶▶

《中华人民共和国劳动合同法》

第四条 用人单位应当依法建立和完善劳动规章制度，保障劳动者享有劳动权利、履行劳动义务。

用人单位在制定、修改或者决定有关劳动报酬、工作时间、休息休假、劳动安全卫生、保险福利、职工培训、劳动纪律以及劳动定额管理等直接涉及劳动者切身利益的规章制度或者重大事项时，应当经职工代表大会或者全体职工讨论，提出方案和意见，与工会或者职工代表平等协商确定。

在规章制度和重大事项决定实施过程中，工会或者职工认为不适当的，有权向用人单位提出，通过协商予以修改完善。

用人单位应当将直接涉及劳动者切身利益的规章制度和重大事项决定公示，或者告知劳动者。

第六十五条　被派遣劳动者可以依照本法第三十六条、第三十八条的规定与劳务派遣单位解除劳动合同。

被派遣劳动者有本法第三十九条和第四十条第一项、第二项规定情形的，用工单位可以将劳动者退回劳务派遣单位，劳务派遣单位依照本法有关规定，可以与劳动者解除劳动合同。

85 如何界定值班与加班?

问题描述 供电企业在工作日以外存在各种值班,如节假日值班、95598报修值班,这种值班是否需要支付加班工资?

法律解析 加班一般指用人单位由于生产经营需要,经与工会和劳动者协商后,安排劳动者在法定工作时间以外继续从事的本职工作。值班,并不是一个法律术语,具体是指职工根据用人单位的要求,在正常工作时间之外负担一定的非生产性、非本职工作的责任。一般而言,值班是单位因安全、消防、假日防火、防盗或为处理突发事件、紧急公务处理等原因,临时安排或根据制度在夜间、公休日、法定休假日等非工作时间内安排与劳动者本职无关联的工作,或虽与劳动者本职工作有关联,但为非生产性的责任,值班期间可以休息的工作,如看门、接听电话等。

加班与值班的具体区别如下:

第一,工作特点和工作任务不同。值班和加班虽然都是在法定工作时间之外负担一定责任,但值班是因一定的特殊原因,由劳动者在非工作时间内承担一定的非生产性、非本职工作。而加班是因单位的生产经营需要,由劳动者在原工作岗位和非工作时间继续从事本职工作。

第二,调整规范不同。关于值班问题,目前尚无明确的法律规范对其进行调整,通常都是由用人单位根据本单位的规章制度进行调整。而加班却应受《中华人民共和国劳动法》等有关法律法规的调整。

第三,工作报酬支付依据不同。值班的报酬标准法律上也无明确规定,一般情况下由单位内部制定的规章制度予以规范。而加班报酬是受《中华人民共和国劳动法》《工资支付暂行规定》等有关法律法规的直接规范。值班费的数额应由单位按照本单位的规章制度制订并发放;加班费的数额则应按照相关法律规定来进行计算。

依照上述分析,供电企业在工作日以外存在各种值班,如节假日值班、95598报修值班,如果是抢修人员的本职工作,在法定工作时间以外安排从事抢修工作,实际上属于加班,应当依照我国《中华人民共和国劳动合同法》的规定支付加班工资。如果是为了单位因安全、消防、假日防火、防盗或为处理突发事件、紧急公务处理等原因,临时安排或根据制度在夜间、公休日、法定休假日等非工作时间内安排与劳动者本职无关联的工作,或虽与劳动者本职工作有关联,但为非生产性的责任,则属于值班,无需按《中华人民共和国劳动法》的规定支付加班工资。

《中华人民共和国劳动法》

第三十六条　国家实行劳动者每日工作时间不超过八小时，平均每周工作时间不超过四十四小时的工作工时制度。

第四十四条　有下列情形之一的，用人单位应当按照下列标准支付高于劳动者正常工作时间工资的工资报酬：

（一）安排劳动者延长工作时间的，支付不低于工资的百分之一百五十的工资报酬；

（二）休息日安排劳动者工作又不能安排补休的，支付不低于工资的百分之二百的工资报酬；

（三）法定休假日安排劳动者工作的，支付不低于工资的百分之三百的工资报酬。

86 若职工因非工伤长期请病假，如患有精神类疾病，无法正常上班的，供电企业能否解雇？

问题描述 如果职工因非工伤长期请病假，且该职工患有精神类疾病，无法正常上班，供电企业能否解雇？

法律解析 职工患有精神类疾病无法正常上班长期请病假，公司能否解除劳动合同应当具体问题具体分析。根据《企业职工患病或非因工负伤医疗期规定》，职工患病享有医疗期。医疗期，是指企业职工因患病或非因工负伤停止工作治病休息不得解除劳动合同的时限。职工享有医疗期的长短是依照职工的实际工作年限结合本单位工作年限确定，给予三个月到二十四个月的医疗期。《中华人民共和国劳动合同法》第四十二条规定，劳动者患病，在规定的医疗期内的，用人单位不得依照《中华人民共和国劳动合同法》第四十条、第四十一条的规定解除劳动合同。所以，职工患有精神疾病，在医疗期内用人单位不得任意解除劳动合同。对于某些患特殊疾病（如癌症、精神病、瘫痪等）的职工，在24个月内尚不能痊愈的，经企业和当地劳动部门批准，可以适当延长医疗期。

但是，医疗期总有期满的时候。医疗期满，应当由劳动鉴定委员会参照工伤与职业病致残程度鉴定标准进行劳动能力的鉴定，被鉴定为一至四级的，应当退出劳动岗位，解除劳动关系，并办理退休、退职手续，享受退休、退职待遇。劳动者患病或者非因工负伤，职工患有精神疾病规定的医疗期满后经鉴定确实丧失劳动能力的不能从事原工作，也不能从事由用人单位另行安排的工作的，《中华人民共和国劳动合同法》第四十条规定用人单位提前三十日以书面形式通知劳动者本人或者额外支付劳动者一个月工资后，可以解除劳动合同。

需要指出的是，劳动者患病或者非因工负伤，在规定的医疗期满后不能从事原工作，也不能从事由用人单位另行安排的工作的，用人单位依法解除劳动合同后，应当根据《中华人民共和国劳动合同法》第四十六条的规定向员工支付经济补偿金。

相关法律条文

《中华人民共和国劳动合同法》

第四十条 有下列情形之一的，用人单位提前三十日以书面形式通知劳动者本人或者额外支付劳动者一个月工资后，可以解除劳动合同：

（一）劳动者患病或者非因工负伤，在规定的医疗期满后不能从事原工作，也不能从事由用人单位另行安排的工作的；

（二）劳动者不能胜任工作，经过培训或者调整工作岗位，仍不能胜任工作的；

（三）劳动合同订立时所依据的客观情况发生重大变化，致使劳动合同无法履行，经用人单位与劳动者协商，未能就变更劳动合同内容达成协议的。

第四十二条　劳动者有下列情形之一的，用人单位不得依照本法第四十条、第四十一条的规定解除劳动合同：

（一）从事接触职业病危害作业的劳动者未进行离岗前职业健康检查，或者疑似职业病病人在诊断或者医学观察期间的；

（二）在本单位患职业病或者因工负伤并被确认丧失或者部分丧失劳动能力的；

（三）患病或者非因工负伤，在规定的医疗期内的；

（四）女职工在孕期、产期、哺乳期的；

（五）在本单位连续工作满十五年，且距法定退休年龄不足五年的；

（六）法律、行政法规规定的其他情形。

《企业职工患病或非因工负伤医疗期规定》

第二条　医疗期是指企业职工因患病或非因工负伤停止工作治病休息不得解除劳动合同的时限。

第三条　企业职工因患病或非因工负伤，需要停止工作医疗时，根据本人实际参加工作年限和在本单位工作年限，给予三个月到二十四个月的医疗期：

（一）实际工作年限十年以下的，在本单位工作年限五年以下的为三个月；五年以上的为六个月。

（二）实际工作年限十年以上的，在本单位工作年限五年以下的为六个月；五年以上十年以下的为九个月；十年以上十五年以下的为十二个月；十五年以上二十年以下的为十八个月；二十年以上的为二十四个月。

第四条　医疗期三个月的按六个月内累计病休时间计算；六个月的按十二个月内累计病休时间计算；九个月的按十五个月内累计病休时间计算；十二个月的按十八个月内累计病休时间计算；十八个月的按二十四个月内累计病休时间计算；二十四个月的按三十个月内累计病休时间计算。

第七条　企业职工非因工致残和经医生或医疗机构认定患有难以治疗的疾病，医疗期满，应当由劳动鉴定委员会参照工伤与职业病致残程度鉴定标准进行劳动能力的鉴定。被鉴定为一至四级的，应当退出劳动岗位，解除劳动关系，并办理退休、退职手续，享受退休、退职待遇。

《劳动部关于贯彻〈企业职工患病或非因工负伤医疗期规定〉的通知》

二、关于特殊疾病的医疗期问题

根据目前的实际情况，对某些患特殊疾病（如癌症、精神病、瘫痪等）的职工，在 24 个月内尚不能痊愈的，经企业和劳动主管部门批准，可以适当延长医疗期。

87 若职工失联，其劳动关系如何处理？

问题描述 如果职工失联，劳动关系如何处理？

法律解析 职工失联的情况比较复杂，有的是职工发生意外下落不明，有的可能发生死亡，有的可能被追究刑事责任，有的可能是婚姻家庭问题或者逃避债务等原因离家出走。职工失联往往会给用人单位的人力资源管理带来困扰。

职工与用人单位之间是劳动关系，职工失联导致无法履行与用人单位签订的劳动合同。实践中，有些职工未经任何请假手续突然失联。用人单位发现职工未正常出勤后应及时通过一定的方式与职工进行联系，当发现无法联系上职工后，要引起充分的重视。一方面考勤上应按旷工处理；另一方面尽可能通过电子邮件、短信、微信、QQ、特快专递等多种方式向该职工发出通知要求其在一定时间内到岗上班，并告知不到岗上班的法律后果。有些职工经过请假，但假期届满后未到岗上班，此后失联的，假期届满次日的考勤应按旷工处理，同时应通过多种方式向该职工发出通知要求其在一定时间内到岗上班，并告知不到岗上班的法律后果。上述以各种方式进行通知后，职工仍未到岗上班的，用人单位可以根据企业规章制度有关旷工的处理规定，以及《中华人民共和国劳动合同法》第三十九条第（二）项的规定，解除劳动合同。

需要指出的是，用人单位因职工失联认定为旷工从而根据企业规章制度和《中华人民共和国劳动合同法》第三十九条第（二）项的规定予以解除劳动合同的，应当告知工会或职工代表，按相关规定执行，并将解除劳动合同通知和解除劳动合同证明通过一定的方式送达，比如直接送达失联职工的同住成年家属，通过特快专递邮寄送达，同时通过电子邮件、短信、微信、QQ送达，并留存相关证据。

当然，为了正确处理职工失联等事项，用人单位一方面应当建立健全规章制度，并在规章制度中完善相关内容，以便处理时有据可循；另一方面对失联职工尽可能慎重处理，不宜未经通知仓促以旷工若干天为由随意解除劳动合同，防止职工因意外事故短时间失联便被解除劳动合同的情形发生，从而导致不必要的劳动争议发生。

相关法律条文 ▶▶▶

《中华人民共和国劳动合同法》

第四条　用人单位应当依法建立和完善劳动规章制度，保障劳动者享有劳动权利、履行劳动义务。

用人单位在制定、修改或者决定有关劳动报酬、工作时间、休息休假、劳动安全卫生、保险福利、职工培训、劳动纪律以及劳动定额管理等直接涉及劳动者切身利益的规章制度或者重大事项时，应当经职工代表大会或者全体职工讨论，提出方案和意见，与工会或者职工代表平等协商确定。

在规章制度和重大事项决定实施过程中，工会或者职工认为不适当的，有权向用人单位提出，通过协商予以修改完善。

用人单位应当将直接涉及劳动者切身利益的规章制度和重大事项决定公示，或者告知劳动者。

第三十九条　劳动者有下列情形之一的，用人单位可以解除劳动合同：

在试用期间被证明不符合录用条件的；

严重违反用人单位的规章制度的；

严重失职，营私舞弊，给用人单位造成重大损害的；

劳动者同时与其他用人单位建立劳动关系，对完成本单位的工作任务造成严重影响，或者经用人单位提出，拒不改正的；

因本法第二十六条第一款第一项规定的情形致使劳动合同无效的；

被依法追究刑事责任的。

浙江省高级人民法院民一庭《关于审理劳动争议案件若干问题的意见（试行）》

第四十五条　对劳动者无正当理由未办理请假手续，擅自离岗连续超过十五日，用人单位规章制度已有规定的，按相关规定执行；用人单位规章制度无规定的，用人单位可以劳动者严重违反劳动纪律为由，解除劳动合同。

用人单位以劳动者擅自离岗为由，做出解除劳动合同决定，但确因客观原因无法将该决定送达给劳动者，后劳动者以用人单位未履行送达等相关手续为由主张解除无效的，不予支持。

88 母公司制定的直接涉及职工切身利益的规章制度，可否直接适用于下属子公司？

问题描述 母公司制定的规章制度，若直接涉及劳动者切身利益，如劳动报酬、工作时间、休息休假、劳动安全卫生、保险福利、职工培训、劳动纪律以及劳动定额管理等，可否直接适用于下属子公司？

法律解析 母公司与子公司是相对独立的法人，各自独立承担民事责任，这不同于总公司与分公司的关系，彼此不能替代。基于合同的相对性，子公司劳动者的相对方是子公司而不是母公司，子公司劳动者的用人单位是子公司而非母公司，因此，子公司劳动者只受子公司依法制定的规章制度的约束，母公司制定的规章制度对子公司的劳动者不具有约束力。

《中华人民共和国劳动合同法》第四条规定："用人单位在制定、修改或者决定有关劳动报酬、工作时间、休息休假、劳动安全卫生、保险福利、职工培训、劳动纪律以及劳动定额管理等直接涉及劳动者切身利益的规章制度或者重大事项时，应当经职工代表大会或者全体职工讨论，提出方案和意见，与工会或者职工代表平等协商确定；用人单位应当将直接涉及劳动者切身利益的规章制度和重大事项决定公示，或者告知劳动者。"故对于母公司制定的，直接涉及职工切身利益的规章制度，子公司若要适用，应当履行转换程序，即通过子公司的职工大会或职工代表大会通过适用母公司规章制度的民主议定程序，并将母公司的规章制度及其适用的规定公示或告知劳动者。

相关法律条文

《中华人民共和国公司法》

第十四条 公司可以设立分公司。设立分公司，应当向公司登记机关申请登记，领取营业执照。分公司不具有法人资格，其民事责任由公司承担。

公司可以设立子公司，子公司具有法人资格，依法独立承担民事责任。

《中华人民共和国劳动合同法》

第四条 用人单位在制定、修改或者决定有关劳动报酬、工作时间、休息休假、劳动安全卫生、保险福利、职工培训、劳动纪律以及劳动定额管理等直接涉及劳动者切身利益的规章制度或者重大事项时，应当经职工代表大会或者全体职工讨论，提出方案和意见，与工会或者职工代表平等协商确定；用人单位应当将直接涉及劳动者切身利益的规章制度和重大事项决定公示，或者告知劳动者。

第六章

其 他 业 务

89 未取得 CMA 或 CNAS 资质认证的检测机构所出具的检测报告是否具有法律效力？

问题描述 未取得 CMA 或 CNAS 资质认证的检测机构所出具的检测报告是否具有法律效力？

法律解析 一般而言，选定的第三方检测机构应当是取得 CMA 或 CNAS 资质认证的检测机构，当然双方当事人也可以协议选定认可的其他第三方检测机构出具的检测报告作为处理双方争议的依据。必须指出的是，在招投标工作中，招标文件中应当要求投标的供应商提供取得 CMA 资质认证的第三方检测机构出具的检测报告。

根据《中华人民共和国计量法》第二十二条的规定："为社会提供公证数据的产品质量检验机构，必须经省级以上人民政府计量行政部门对其计量检定、测试的能力和可靠性考核合格。"因此，对社会出具公正数据的产品质量监督检验机构及其他各类实验室必须取得中国计量认证，即 CMA 认证。只有取得计量认证合格证书的检测机构，才能够从事检测检验工作，并允许其在检验报告上使用 CMA 标记。有 CMA 标记的检验报告可用于产品质量评价、成果及司法鉴定，具有法律效力。在我国，检测机构从事向社会出具有证明作用的数据和结果，必须通过计量认证（CMA），这是国家强制性规定。

需要注意的是，供应商在选择检验机构的时候，要看产品质量检验机构是否经过省级以上人民政府产品质量监督部门或者其授权的部门依照有关规定对其所具备的检验测试能力进行考核，并注意考核是否合格。只有拿到上述部门发的合格证书后，一个产品质量检验机构才能承担产品质量检验工作，出具的检验数据才具有法律效力。

《中华人民共和国认证认可条例》

第十六条　向社会出具具有证明作用的数据和结果的检查机构、实验室，应当具备有关法律、行政法规规定的基本条件和能力，并依法经认定后，方可从事相应活动，认定结果由国务院认证认可监督管理部门公布。

《中华人民共和国产品质量法》

第十九条　产品质量检验机构必须具备相应的检测条件和能力，经省级以上人民政府产品质量监督部门或者其授权的部门考核合格后，方可承担产品质量检验工作。

《中华人民共和国计量法》

第二十一条　为社会提供公证数据的产品质量检验机构，必须经省级以上人民政府计量行政部门对其计量检定、测试的能力和可靠性考核合格。

《中华人民共和国计量法实施细则》

第三十二条　为社会提供公证数据的产品质量检验机构，必须经省级以上人民政府计量行政部门计量认证。

90 用户投资建设的小区电力线路（含挂接设备），其产权未移交给供电企业，若此类设备造成了人身事故，该如何确定责任归属？

问题描述 某小区线路及下级公用变压器为用户投资建设资产，但使用性质为公用设备，若用户不同意将线路及设备移交给供电企业，此类设备造成的人身事故，该如何确定责任归属？

法律解析 尽管《最高人民法院关于审理触电人身损害赔偿案件若干问题的解释》已经废止，但是触电事故责任划分的产权归属原则还是可以从《供电营业规则》第四十七条的规定中可以确立。触电事故区分为低压电触电和高压电触电。低压电触电实行过错归责原则，高压电触电实行无过错归责原则。所以，回答问题中提到的责任归属，需要具体问题具体分析。

对于高压电触电，《中华人民共和国侵权责任法》第七十三条规定："从事高空、高压、地下挖掘活动或者使用高速轨道运输工具造成他人损害的，经营者应当承担侵权责任，但能够证明损害是因受害人故意或者不可抗力造成的，不承担责任。被侵权人对损害的发生有过失的，可以减轻经营者的责任。"该条虽规定责任主体是经营者，而没有使用产权人的概念，但实务中，"经营者"应当解释为产权人，因为产权人才是"高压电能和电力设施的实际控制人"。否则无法界定经营者到底是发电企业、售电企业，还是高压用电人。云南省高级人民法院《关于审理高压触电人身损害赔偿案件有关法律适用问题中的意见》首次明确界定"经营者"一般是指"高压电能和电力设施的实际控制人"。

问题中提到"某小区线路及下级公用变压器为用户投资，但使用性质为公用设备，若用户不同意将线路及设备移交给供电企业"，首先要明确《供用电合同》是与谁签订的，《供用电合同》中应当约定产权分界点，如果该电力设施的投资人与供电企业签订了《供用电合同》，明确了产权分界点，则产权不属于供电企业的电力设施发生触电事故，一般由产权人承担民事责任。

相关法律条文

《中华人民共和国电力法》

第五十九条 供电企业或者用户违反供用电合同，给对方造成损失的，应当依法承担赔偿责任。

供电企业违反本法第二十八条、第二十九条第一款的规定，未保证供电质量或者未事先通知用户中断供电，给用户造成损失的，应当依法承担赔偿责任。

第六十条 因电力运行事故给用户或者第三人造成损害的，供电企业应当依法承担赔偿责任。

电力运行事故由下列原因之一造成的，供电企业不承担赔偿责任：

（一）不可抗力；

（二）用户自身的过错。

因用户或者第三人的过错给供电企业或者其他用户造成损害的，该用户或者第三人应当依法承担赔偿责任。

《中华人民共和国侵权责任法》

第七十三条 从事高空、高压、地下挖掘活动或者使用高速轨道运输工具造成他人损害的，经营者应当承担侵权责任，但能够证明损害是因受害人故意或者不可抗力造成的，不承担责任。被侵权人对损害的发生有过失的，可以减轻经营者的责任。

《供电营业规则》

第四十七条 供电设施的运行维护管理范围，按产权归属确定。

第五十一条 在供电设施上发生事故引起的法律责任，按供电设施产权归属确定。产权归属于谁，谁就承担其拥有的供电设施上发生事故引起的法律责任。

91 若报修设备非供电企业产权，供电企业工作人员离开现场时遭极端方式阻挠的，该如何维护自身合法权益？

问题描述 供电企业工作人员到某开发区报修现场核查具体情况，核查后发现为表后临时线路（用户资产）出现问题。供电企业工作人员在现场向报修人说明，故障设备非供电企业产权，不属于供电企业抢修范围，建议报修人寻求社会电工处理。但报修人采取极端方式阻挠工作人员、车辆离开现场，并且辱骂、投诉工作人员态度不好，此时供电企业工作人员该如何维护自身合法权益？

法律解析 根据《供电营业规则》第四十七条的规定，供电设施的运行维护管理范围，按产权归属确定。供电人与用电人签订的《供用电合同》也会对产权分界点和维护管理义务做出约定。一般而言，供电人与用电人未签订代维护协议的情况下，应当按照产权归属原则确定维护管理义务。

对于居民用电，产权分界点与维护管理义务可以根据《居民生活供用电合同》的约定进行判定。即使离开《居民生活供用电合同》的约定，根据《电力供应与使用条例》第二十六条规定"用户应当安装用电计量装置。用户使用的电力、电量，以计量检定机构依法认可的用电计量装置的记录为准。用电计量装置，应当安装在供电设施与受电设施的产权分界处"，也可以判定电能表后的线路资产属于用电人的产权，应当由用电人负责维护管理，该线路发生故障不属于供电企业的抢修范围。

实践中，由于法律意识淡薄，缺乏对电力法律法规规章的了解，用电人在发生电力故障后往往认为供电企业有抢修的义务。这种情况下，供电企业抢修人员应当做好解释说服工作，告知《供用电合同》以及电力法律规范的规定。对于无理纠缠，甚至有过激行为的用电人，供电企业的抢修人员应当注意保护自身的安全，必要时可以报警。

相关法律条文

《电力供应与使用条例》

第二十六条 用户应当安装用电计量装置。用户使用的电力、电量，以计量检定机构依法认可的用电计量装置的记录为准。用电计量装置，应当安装在供电设施与受电设施的产权分界处。

安装在用户处的用电计量装置，由用户负责保护。

《供电营业规则》

第四十七条 供电设施的运行维护管理范围，按产权归属确定。责任分界点按下列各项确定：

1. 公用低压线路供电的，以供电接户线用户端最后支持物为分界点，支持物属供电企业。

2. 10千伏及以下公用高压线路供电的，以用户厂界外或配电室前的第一断路器或第一支持物为分界点，第一断路器或第一支持物属供电企业。

3. 35千伏及以上公用高压线路供电的，以用户厂界外或用户变电站外第一基电杆为分界点，第一基电杆属供电企业。

4. 采用电缆供电的，本着便于维护管理的原则，分界点由供电企业与用户协商确定。

5. 产权属于用户且由用户运行维护的线路，以公用线路分支杆或专用线路接引的公用变电站外第一基电杆为分界点，专用线路第一基电杆属用户。

在电气上的具体分界点，由供用双方协商确定。

92 供电企业车辆被路边的广告牌砸到，应如何处理？

问题描述 供电企业车辆停在公用停车位上，被路边的广告牌砸到，该找谁赔偿？

法律解析 广告牌属于构筑物，广告牌的所有人、管理人或使用人对广告牌负有维护和管理的义务。广告牌年久失修，自然脱落，或者被大风刮落，十分危险。广告牌的所有人、管理人或使用人未尽维护管理义务造成他人人身或财产损害的，依法应当承担民事责任。

《中华人民共和国侵权责任法》第八十五条规定："建筑物、构筑物或者其他设施及其搁置物、悬挂物发生脱落、坠落造成他人损害，所有人、管理人或者使用人不能证明自己没有过错的，应当承担侵权责任。所有人、管理人或者使用人赔偿后，有其他责任人的，有权向其他责任人追偿。"根据该条规定，广告牌脱落造成他人人身或财产损害的，实行过错推定归责原则，广告牌的所有人、管理人或使用人不能证明自己没有过错的，应当承担侵权责任。

当然，如因第三人的过错导致广告牌脱落砸中车辆的，比如第三人在广告牌周围施工作业，不慎将广告牌损坏致使脱落砸中车辆的，该第三人应对其过错行为承担侵权责任，而不应由广告牌的所有人、管理人或者使用人承担侵权责任。但是，广告牌由于年久失修，与第三人的过错行为结合，造成损害后果发生的，则第三人与广告牌的所有人、管理人或者使用人应当根据各自的过错大小承担民事赔偿责任。

需要指出的是，如果供电企业车辆投保了相应的商业保险，供电企业可以直接向保险公司进行理赔。保险公司根据保险合同的约定理赔后，可以根据《中华人民共和国保险法》第四十五条的规定向广告牌的所有人管理人或使用人进行代位求偿。

相关法律条文

《中华人民共和国侵权责任法》

第六条 行为人因过错侵害他人民事权益，应当承担侵权责任。

根据法律规定推定行为人有过错，行为人不能证明自己没有过错的，应当承担侵权责任。

第八十五条 建筑物、构筑物或者其他设施及其搁置物、悬挂物发生脱落、坠落造成他人损害，所有人、管理人或者使用人不能证明自己没有过错的，应当承担侵权责任。所有人、管理人或者使用人赔偿后，有其他责任人的，有权向其他责任人追偿。

《中华人民共和国保险法》

第四十五条 因第三者对保险标的损害而造成保险事故的，保险人自向被保险人赔偿保险金之日起，在赔偿金额范围内代位行使被保险人对第三者请求赔偿的权利。前款规定的保险事故发生后，被保险人已经从第三者取得损害赔偿的，保险人赔偿保险金时，可以相应扣减被保险人从第三者已取得的赔偿金额。保险人依照第一款行使代位请求赔偿的权利，不影响被保险人就未取得赔偿的部分向第三者请求赔偿的权利。

93 供应商货物到库后，接收方人员协助送货人员卸货，此时若造成接收方人员人身伤害的，责任由谁承担？

问题描述 供应商货物到库后，接收方人员协助送货人员卸货，此时如果造成接收方人员人身伤害的，责任由谁承担？

法律解析 上述问题应当从两个方面来理解。第一，接收方人员与单位之间是劳动关系，在工作时间、工作地点，因工作原因受到事故伤害，属于工伤。对于工伤待遇，参加工伤保险的，根据《工伤保险条例》的规定，应当由工伤保险基金支付的工伤保险待遇可以向工伤保险经办机构申领，应当由用人单位承担的工伤保险待遇项目，应当由用人单位承担。第二，实际上涉及第三人侵权的问题，应当从侵权责任法角度分析。

一般而言，接收方人员在卸货过程中，如果是由于供应商的工作人员过错造成伤害的，供应商应当对他的工作人员执行工作任务造成他人伤害的侵权行为承担侵权责任，接收方人员对损害后果也有过错的，可以减轻供应商的侵权责任。如果供应商通过与承运人签订运输合同，由承运人运送货物到接收方处，接收方人员在卸货过程中，如果是由于承运人的工作人员的过错造成伤害的，承运人应当对他的工作人员执行工作任务造成他人伤害的侵权行为承担侵权责任，接收方人员对损害后果也有过错的，可以减轻供应商的侵权责任。

当然，如果接收方人员在卸货过程中，供应商的工作人员或承运人的工作人员并无法定或约定的义务协助接收方卸货，纯粹是应接收方要求帮助卸货，则很有可能与接收方建立帮工关系。在帮工过程中造成接收方人员受到人身伤害，仍应由被帮工人的接收方承担侵权责任。此时，鉴于工伤责任主体和侵权责任主体同一，对接收方受伤人员应当按照《工伤保险条例》的规定处理。

需要指出的是，因第三人侵权同时造成工伤的，依照过去的规定和司法实践，实行有限兼得模式，即同项补偿，异项兼得。2018 年 1 月 1 日，《浙江省工伤保险条例》施行后，根据该条例第三十二条的规定，将实行待遇总额补差。

相关法律条文

《中华人民共和国侵权责任法》
　　第六条　行为人因过错侵害他人民事权益，应当承担侵权责任。

根据法律规定推定行为人有过错，行为人不能证明自己没有过错的，应当承担侵权责任。

第七条　行为人损害他人民事权益，不论行为人有无过错，法律规定应当承担侵权责任的，依照其规定。

第二十六条　被侵权人对损害的发生也有过错的，可以减轻侵权人的责任。

第三十四条　用人单位的工作人员因执行工作任务造成他人损害的，由用人单位承担侵权责任。

劳务派遣期间，被派遣的工作人员因执行工作任务造成他人损害的，由接受劳务派遣的用工单位承担侵权责任；劳务派遣单位有过错的，承担相应的补充责任。

《最高人民法院关于审理人身损害赔偿案件适用法律若干问题的解释》

第十一条　雇员在从事雇佣活动中遭受人身损害，雇主应当承担赔偿责任。雇佣关系以外的第三人造成雇员人身损害的，赔偿权利人可以请求第三人承担赔偿责任，也可以请求雇主承担赔偿责任。雇主承担赔偿责任后，可以向第三人追偿。

雇员在从事雇佣活动中因安全生产事故遭受人身损害，发包人、分包人知道或者应当知道接受发包或者分包业务的雇主没有相应资质或者安全生产条件的，应当与雇主承担连带赔偿责任。

属于《工伤保险条例》调整的劳动关系和工伤保险范围的，不适用本条规定。

《浙江省工伤保险条例》

第三十二条　因第三人的原因造成工伤，工伤职工可以先向第三人要求赔偿，也可以直接向工伤保险基金或者用人单位要求支付工伤保险待遇。

工伤职工先向第三人要求赔偿后，赔偿数额低于其依法应当享受的工伤保险待遇的，可以就差额部分要求工伤保险基金或者用人单位支付。

工伤职工直接向工伤保险基金或者用人单位要求支付工伤保险待遇的，工伤保险基金或者用人单位有权在其支付的工伤保险待遇范围内向第三人追偿，工伤职工应当配合追偿。

法律、行政法规对因第三人原因造成工伤的赔偿做出明确规定的，依照法律、行政法规规定执行。

94 合同无效后，在涉及赔偿损失环节时，损失的范围是否包括合同履行后获得的履行利益损失？

问题描述 合同无效后，在涉及赔偿损失环节时，损失的范围是否包括合同履行后获得的履行利益损失？如甲方出售一台设备给乙方，乙方取得设备，并为此租赁了一间厂房准备生产。在生产之前，双方的合同因违反法律而被确认无效，乙方起诉至法院，要求甲方为此赔偿厂房租赁费用，乙方的诉讼请求能否得到支持？

法律解析 合同无效后，依据《中华人民共和国合同法》第五十八条和第五十九条的规定，产生三种法律后果：①返还财产或折价补偿；②赔偿损失；③取得的财产收归国家所有或者返还集体、第三人。关于赔偿损失的性质，学理上一般认为是缔约过失责任，而非违约责任，原因在于违约责任存在的前提是"合同债务"，而合同无效为自始无效，即于合同成立时合同约定内容即不对当事人产生约束力，不产生"合同债权"或"合同债务"，故违约责任无从谈起。

缔约过失责任的最主要承担方式为损害赔偿，损害赔偿的对象为信赖利益。信赖利益的损失是指缔约人信赖合同有效成立，但因法定事由发生，致使合同不成立、无效或被撤销等而遭受的损失。与信赖利益相对的概念为履行利益，两者适用于不同的情形。履行利益是指在合同有效的情形下，当事人因履行合同而产生的利益。履行利益以合同有效为前提，因而不适用于合同无效情形。而缔约过失责任的目的就是补偿一方当事人因合同不成立、无效或被撤销而遭受的损失，从而使得其利益恢复至合同签订之前的状态，故其损害赔偿的对象为信赖利益。据此，合同无效后，在涉及赔偿损失环节时，损失的范围是不包括合同得到履行后获得的履行利益损失的。

根据举例描述，购买设备后租赁房屋准备生产，由于合同无效要求赔偿房屋租金损失，这里的租金损失应该是信赖利益损失，而非履行利益损失。至于乙起诉至法院要求赔偿房屋租金损失的请求能否获得支持，则需要进一步分析信赖利益损失的范围。

信赖利益的损害包括所受损害和所失利益。所受损害又称直接损失，是指既有财产的减少，如缔约费用、准备履约费用、已付金钱产生的利息等。具体到所举案例，乙租赁房屋是为了使用购买的设备进行生产，虽不是为了履行设备买卖合同的准备履约费用，但确实系信赖设备买卖合同有效并得到履行所产生的费用。

当然，信赖利益损害赔偿也适用过失相抵规则。如果对于合同的无效，受害人也存在过错的，受害人应根据自己的过错程度承担相应的责任。同时，减损规则在此类案件中也有参照适用余地。

《中华人民共和国合同法》

第五十二条　有下列情形之一的，合同无效：

（一）一方以欺诈、胁迫的手段订立合同，损害国家利益；

（二）恶意串通，损害国家、集体或者第三人利益；

（三）以合法形式掩盖非法目的；

（四）损害社会公共利益；

（五）违反法律、行政法规的强制性规定。

第五十八条　合同无效或者被撤销后，因该合同取得的财产，应当予以返还；不能返还或者没有必要返还的，应当折价补偿。有过错的一方应当赔偿对方因此所受到的损失，双方都有过错的，应当各自承担相应的责任。

第五十九条　当事人恶意串通，损害国家、集体或者第三人利益的，因此取得的财产收归国家所有或者返还集体、第三人。

第一百一十九条　当事人一方违约后，对方应当采取适当措施防止损失的扩大；没有采取适当措施致使损失扩大的，不得就扩大的损失要求赔偿。

当事人因防止损失扩大而支出的合理费用，由违约方承担。

95 如何解除合同，才能将法律风险降到最低？

问题描述 供电企业与某技术服务公司签订了技术服务合同。在合同履行过程中，该技术服务公司私自替换了与合同中约定的规格品牌不符的配件，供电企业如何解除合同才能将法律风险降到最低？

法律解析 《中华人民共和国合同法》第八条第一款规定："依法成立的合同，对当事人具有法律约束力，当事人应当按照约定履行自己的义务，不得擅自变更或解除合同。"第六十条第一款规定："当事人应当按照约定全面履行自己的义务。"第一百零七条规定："当事人一方不履行合同义务或者履行合同义务不符合约定的，应当承担继续履行、采取补救措施或者赔偿损失等违约责任。"根据上述规定，某技术服务公司私自替换了与合同中约定的规格品牌不符的配件，显然已经构成违约，应当承担违约责任。

那么，除了由违约方承担违约责任之外，守约方是否有其他的救济方式呢？解除合同便是守约方的救济方式。但是，《中华人民共和国合同法》的立法目的是鼓励交易，解除合同实际上就是取消交易，所以在法定解除权的事由上规定了相对较严的条件。

《中华人民共和国合同法》第九十四条规定，有下列情形之一的，当事人可以解除合同：

（一）因不可抗力致使不能实现合同目的；

（二）在履行期限届满之前，当事人一方明确表示或者以自己的行为表明不履行主要债务；

（三）当事人一方迟延履行主要债务，经催告后在合理期限内仍未履行；

（四）当事人一方迟延履行债务或者有其他违约行为致使不能实现合同目的；

（五）法律规定的其他情形。

依照上述规定，某技术服务公司私自替换与合同约定规格品牌不符的配件的违约行为达不到致使不能实现合同目的的严重程度，尚不构成根本性违约，难以按照该条规定行使解除权以解除双方的合同。

但是，《中华人民共和国合同法》第九十三条第二款规定：当事人可以约定一方解除合同的条件。解除合同的条件成熟时，解除权人可以解除合同。据此，供电企业可以查阅一下双方签订的技术服务合同中有无约定解除合同的条件，是否将技术服务公司私自替换与合同约定规格品牌不符的配件的违约行为约定为解除合同的条件。如果存在该种约定，守约方可以书面通知某技术服务公司解除合同。解除合同的通知到达某技术服务公司时合同解除。

当然，如果双方签订的合同中并未约定解除条件的，只能通过与某技术服务公司协商解除合同。协商解除不成的，只能通过追究对方的违约责任，以维护自身的合法权益。

相关法律条文

《中华人民共和国合同法》

第九十三条　当事人协商一致，可以解除合同。

当事人可以约定一方解除合同的条件。解除合同的条件成就时，解除权人可以解除合同。

第九十四条　有下列情形之一的，当事人可以解除合同：

因不可抗力致使不能实现合同目的；

在履行期限届满之前，当事人一方明确表示或者以自己的行为表明不履行主要债务；

当事人一方迟延履行主要债务，经催告后在合理期限内仍未履行；

当事人一方迟延履行债务或者有其他违约行为致使不能实现合同目的；

法律规定的其他情形。

96 政府部门出具配合停电文件，供电企业是否必须全部配合？

问题描述 出具配合停电文件的政府部门无执法权，供电企业是否必须全部配合？

法律解析 行政机关执法过程中，通知供电企业协助采取停止供电措施，存在主体、文书以及协助执行方式混乱等问题：

1. 主体混乱

实践中，要求供电企业协助采取停止供电措施的主体有某领导小组、某指挥部、县区人民政府办公室、乡镇人民政府、某局、某委等。这些主体包括设立的临时机构、人民政府的内设机构、联合发文的多机构和机关。要求协助采取停止供电措施的主体十分混乱，很不规范。这些主体中，一些临时机构和内设机构是不具有行政执法权的。

2. 文书混乱

实践中，从所制作的文书来看，有"函""通知""决定"，还有会议纪要等。根据《党政机关公文处理工作条例》第八条第（二）项规定，"决定"适用于对重要事项做出决策和部署、奖惩有关单位和人员、变更或者撤销下级机关不适当的决定事项。该条例第八条第（八）项规定，"通知"适用于发布、传达要求下级机关执行和有关单位周知或者执行的事项，批转、转发公文。该条例第八条第（十四）项，"函"适用于不相隶属机关之间商洽工作、询问和答复问题、请求批准和答复审批事项。

这些文书的法律意义是不同的，根据不符合规范的文书采取的停止供电措施将会带来巨大的法律风险，比如"函"，完全可以解释为行政机关与供电企业协商，是由供电企业根据自己的意愿采取的停电措施，很难说是一种协助执行行为。

3. 协助执行的方式混乱

实践中，供电企业协助行政机关执法采取停止供电措施，有时会根据会议纪要、联合发文的通知，采取联合执法行动；有时会根据行政机关的要求单独采取停止供电措施，有时会派出工作人员会同行政机关进行现场采取停止供电措施。

供电企业在协助执行供电措施过程中，应当根据法律法规的规定审查执法主体和执法文书，对具有法定职权，履行了法定程序，并依法做出法定执法文书的，供电企业应当予以执行。对不符合法律法规的情形，供电企业应当向有关政府部门反映，避免陷入讼累，造成损失。

《中华人民共和国行政强制法》

第四十三条　行政机关不得对居民生活采取停止供水、供电、供热、供燃气等方式迫使当事人履行相关行政决定。

《中华人民共和国突发事件应对法》

第五十条　社会安全事件发生后，组织处置工作的人民政府应当立即组织有关部门并由公安机关针对事件的性质和特点，依照有关法律、行政法规和国家其他有关规定，采取下列一项或者多项应急处置措施：

对特定区域内的建筑物、交通工具、设备、设施以及燃料、燃气、电力、水的供应进行控制。

《中华人民共和国安全生产法》

第六十七条　第一款负有安全生产监督管理职责的部门依法对存在重大事故隐患的生产经营单位做出停产停业、停止施工、停止使用相关设施或者设备的决定，生产经营单位应当依法执行，及时消除事故隐患。生产经营单位拒不执行，有发生生产安全事故的现实危险的，在保证安全的前提下，经本部门主要负责人批准，负有安全生产监督管理职责的部门可以采取通知有关单位停止供电、停止供应民用爆炸物品等措施，强制生产经营单位履行决定。通知应当采用书面形式，有关单位应当予以配合。

《浙江省水污染防治条例》

第五十条　排污单位拒不履行县级以上人民政府或者环境保护主管部门做出的责令停产、停业、关闭或者停产整顿决定，继续违法生产的，县级以上人民政府可以做出停止或者限制向排污单位供水、供电的决定。

《浙江省大气污染防治条例》

第六十六条　排污单位拒不履行县级以上人民政府及有关部门依法做出的责令停业、关闭、停产整治决定，继续违法生产的，县级以上人民政府可以作出停止或者限制向排污单位供水、供电、供气的决定。

《国务院办公厅关于严格执行有关农村集体建设用地法律和政策的通知》（国办发〔2007〕71号）

对未取得合法用地手续的建设项目，发展改革部门不得办理项目审批、核准手续，规划部门不得办理建设规划许可，建设部门不得发放施工许可证，电力和市政公用企业不得通电、通水、通气，国土资源管理部门不得受理土地登记申请，房产部门不得办理房屋所有权登记手续，金融机构不得发放贷款。未依法办理农用地转用审批手续占用农用地设立企业的，工商部门不得登记。

《浙江省违法建筑处置规定》

第二十三条　单位或者个人就违法建筑申请办理供电、供水、供气等手续的，违法建筑处置决定执行完毕前，供电、供水、供气等单位不得办理。

97 有营业执照的分公司能否对外签订经济合同？

问题描述 有营业执照的分公司能否对外签订经济合同？

法律解析 分公司虽然不具备独立的法人资格，但是依照法律的规定进行登记，取得了营业执照，具备了经营资格，就可以以自己的名义签订经济合同，但一般要在总公司的授权范围内进行，司法实践中一般不会因为是分公司签订的合同而认定其无效。

《中华人民共和国公司法》第十四条规定："分公司不具有法人资格，其民事责任由公司承担。"但在司法实践中，第三人有可能选择由分公司承担，或者由总公司承担，或者由分公司与总公司共同承担。法理依据在于分公司（非法人组织）具有一定的财产，构成一定的责任能力，但其财产并不完全独立，其责任能力不完整，故一般由其上级法人承担补充责任。分公司在签订合同时，只要加盖分公司的印章就可以了，没有必要每个合同都要到总公司加盖总公司的印章。

对于与分公司开展业务的公司或个人来说，也没有必要要求分公司必须在合同上加盖总公司的印章。只要审查总公司对分公司的授权委托书，以及其登记的营业执照，就能知晓总公司授予了分公司哪些业务范围，分公司在总公司的授权范围内所签订的合同就是有效的。一般而言，分公司在总公司授权范围内所进行的经营合同，基本上都是有效的。因此，在与分公司签订相关合同时，作为合同相对方，一定要审查总公司对分公司出具的授权委托书，明白总公司是否授权其对外签订合同，以及授权的额度。

如果合同相对方事先没有审查总公司出具的授权委托书，而分公司并无授权委托书，或超越授权范围签订合同，该合同是否无效？《中华人民共和国合同法》第四十八条规定："行为人没有代理权、超越代理权或者代理权终止后以被代理人名义订立的合同，未经被代理人追认，对被代理人不发生效力，由行为人承担责任。相对人可以催告被代理人在一个月内予以追认。被代理人未作表示的，视为拒绝追认。合同被追认之前，善意相对人有撤销的权利。撤销应当以通知的方式做出。"由此可见，在分公司没有总公司的授权或超出总公司的授权的情况下，分公司对外所签订的合同是效力待定的合同，而不是无效合同。如果总公司追认的，则为有效；否则为无效。

相关法律条文

《中华人民共和国公司法》

第十四条 公司可以设立分公司。设立分公司，应当向公司登记机关申请登记，领取营业执照。分公司不具有法人资格，其民事责任由公司承担。

公司可以设立子公司，子公司具有法人资格，依法独立承担民事责任。

《中华人民共和国合同法》

第四十八条 行为人没有代理权、超越代理权或者代理权终止后以被代理人名义订立的合同，未经被代理人追认，对被代理人不发生效力，由行为人承担责任。

相对人可以催告被代理人在一个月内予以追认。被代理人未作表示的，视为拒绝追认。合同被追认之前，善意相对人有撤销的权利。撤销应当以通知的方式做出。

《中华人民共和国担保法》

第十条 企业法人的分支机构、职能部门不得为保证人。

企业法人的分支机构有法人书面授权的，可以在授权范围内提供保证。

98 无产权证和规划许可证的房产可否出售、出租？

问题描述 房产没有产权证和规划许可证，该类房屋可否出售、出租？

法律解析 城市无证房屋可以分为以下几种情形：第一种是具备办理产权证的要件，但是由于产权人怠于办理而没有办理产权证。第二种是暂时不能办理产权证的房屋，这一类房屋是由于房屋的所有权人在修建或者转让时就没有办理相关法定手续而缺乏某些必要的办理房屋所有权证和国有土地使用权证的要件（如划拨的土地上的房屋转让时没有缴纳相关土地出让金），因此不能取得房屋所有权证和国有土地使用权证，但是只要产权人补齐相关手续就能够办理房屋所有权证和国有土地使用权证。第三种是永久不能办理产权证的房屋，这一类房屋主要是因为缺乏相关重要手续要件，而这种手续要件是事后不能够补齐的，如违章建筑及一些由政府和相关部门掌控的不符合法律规定但又实际存在的房屋，此类房屋无法办理合法手续，但是又实际存在和被占有，无法取得房屋所有权证和国有土地使用权证。

《中华人民共和国城市房地产地产法》第三十八条第一款第（六）项规定，未依法登记领取权属证书的不得转让，意味着这种房屋无法进行物权变动。

需要指出的是，这种无证房屋占用范围内的土地不是通过出让取得，性质上属于划拨土地，根据房地一体原则，转让划拨土地上的房屋应当经有权批准的县级以上人民政府批准，否则转让合同无效。故，案例中房屋未经有权机关批准，且未依法登记领取不动产权证，不可以出售。

《最高人民法院关于审理城镇房屋租赁合同纠纷案件具体应用法律若干问题的解释》第二条规定："出租人就未取得建设工程规划许可证或者未按照建设工程规划许可证的规定建设的房屋，与承租人订立的租赁合同无效。但在一审法庭辩论终结前取得建设工程规划许可证或者经主管部门批准建设的，人民法院应当认定有效。"据此，就未取得建设工程规划许可证或者未按照建设工程规划许可证的规定建设的无证房屋订立的租赁合同是无效合同。出租人出租该种类型的无证房屋，租赁合同被确认无效后，承租人应当参照租金标准支付房屋占有使用费。

值得指出的是，未取得建设工程规划许可证或者未按照建设工程规划许可证的规定建设的无证房屋并不等同于违法建筑，这个与规划立法以及法不溯及既往有关。国务院办公厅《关于认真做好城镇房屋拆迁工作维护社会稳定的紧急通知》指出：对拆迁范围内由于历史原因造成的手续不全房屋，应依据现行有关法律法规补办手续。对政策不明确但确属合理要求的，要抓紧制订相应的政策，限期处理解决；一时难以解决的，要耐心细致地做好解释工作，并积极创造条件，争取早日解决。

《中华人民共和国城市房地产管理法》

第三十八条　下列房地产，不得转让：

（一）以出让方式取得土地使用权的，不符合本法第三十九条规定的条件的；

（二）司法机关和行政机关依法裁定、决定查封或者以其他形式限制房地产权利的；

（三）依法收回土地使用权的；

（四）共有房地产，未经其他共有人书面同意的；

（五）权属有争议的；

（六）未依法登记领取权属证书的；

（七）法律、行政法规规定禁止转让的其他情形。

第三十九条　以出让方式取得土地使用权的，转让房地产时，应当符合下列条件：

（一）按照出让合同约定已经支付全部土地使用权出让金，并取得土地使用权证书；

（二）按照出让合同约定进行投资开发，属于房屋建设工程的，完成开发投资总额的百分之二十五以上，属于成片开发土地的，形成工业用地或者其他建设用地条件。

转让房地产时房屋已经建成的，还应当持有房屋所有权证书。

《最高人民法院关于审理城镇房屋租赁合同纠纷案件具体应用法律若干问题的解释》

第二条　出租人就未取得建设工程规划许可证或者未按照建设工程规划许可证的规定建设的房屋，与承租人订立的租赁合同无效。但在一审法庭辩论终结前取得建设工程规划许可证或者经主管部门批准建设的，人民法院应当认定有效。

99 供电企业租房时，出租人提前解除房屋租赁合同时，承租人的权益如何保障？

问题描述 房屋出售或继续出租，原租赁合同未约定优先权，原租户是否有法定优先购买和承租权？如租赁合同未到期，但出租人要求解除租赁合同，租赁合同约定一方违约赔偿两个月的租赁费，但承租人对房屋进行了装修，提前解除合同损失远远大于两个月的租赁费，可否要求出租人额外赔偿装修损失？

法律解析 优先购买权是承租人的法定权利，不受租赁合同是否约定的影响。优先承租权是由合同双方约定，并不是承租人的法定权利。《中华人民共和国合同法》第二百三十条规定："出租人出卖租赁房屋的，应当在出卖之前的合理期限内通知承租人，承租人享有以同等条件优先购买的权利。"该条规定继《中华人民共和国民法通则》之后确立了承租人的优先购买权。在此以前，民法理论界将承租人的优先购买权解释为形成权。《最高人民法院关于审理城镇房屋租赁合同纠纷案件具体应用法律若干问题的解释》出台后，承租人的优先购买权不再理解为形成权，而解释为强制缔约请求权。该司法解释第二十一条规定："出租人出卖租赁房屋未在合理期限内通知承租人或者存在其他侵害承租人优先购买权情形，承租人请求出租人承担赔偿责任的，人民法院应予支持。但请求确认出租人与第三人签订的房屋买卖合同无效的，人民法院不予支持。"

针对租赁合同未到期，出租人要求解除合同的情形，一般认为，如果承租人没有违约，或者违约行为达不到约定或法定的解除事由的程度，出租人是没有合同解除权的。换而言之，承租人可以要求继续履行合同，拒绝腾退和返还承租房屋。如果出租人擅自解除，承租人不要求继续履行的，可以要求出租人承担违约责任。合同约定违约金的，如果违约金过低的，不足以弥补损失的，承租人可以根据《中华人民共和国合同法》第一百一十四条第二款的规定请求人民法院或仲裁机构增加。

当然，承租人可以不通过请求增加违约金的方式来主张违约责任，转而要求出租人支付房屋租金的违约金，并要求出租人赔偿剩余租赁期内装饰装修残值损失。

相关法律条文

《中华人民共和国合同法》

第一百零七条 当事人一方不履行合同义务或者履行合同义务不符合约定的，应当承担继续履行、采取补救措施或者赔偿损失等违约责任。

第一百一十三条　当事人一方不履行合同义务或者履行合同义务不符合约定，给对方造成损失的，损失赔偿额应当相当于因违约所造成的损失，包括合同履行后可以获得的利益，但不得超过违反合同一方订立合同时预见到或者应当预见到的因违反合同可能造成的损失。

第一百一十四条　当事人可以约定一方违约时应当根据违约情况向对方支付一定数额的违约金，也可以约定因违约产生的损失赔偿额的计算方法。

约定的违约金低于造成的损失的，当事人可以请求人民法院或者仲裁机构予以增加；约定的违约金过分高于造成的损失的，当事人可以请求人民法院或者仲裁机构予以适当减少。

当事人就迟延履行约定违约金的，违约方支付违约金后，还应当履行债务。

第二百三十条　出租人出卖租赁房屋的，应当在出卖之前的合理期限内通知承租人，承租人享有以同等条件优先购买的权利。

《最高人民法院关于审理城镇房屋租赁合同纠纷案件具体应用法律若干问题的解释》

第十一条　承租人经出租人同意装饰装修，合同解除时，双方对已形成符合的装饰装修物的处理没有约定的，人民法院按照下列情形分别处理：

（一）因出租人违约导致合同解除，承租人请求出租人赔偿剩余租赁期内装饰装修残值损失的，应予支持；

（二）因承租人违约导致合同解除，承租人请求出租人赔偿剩余租赁期内装饰装修残值损失的，不予支持。但出租人同意利用的，应在利用价值范围内予以适当补偿；

（三）因双方违约导致合同解除，剩余租赁期内的装饰装修残值损失，由双方根据各自的过错承担相应的责任；

（四）因不可归责于双方的事由导致合同解除的，剩余租赁期内的装饰装修残值损失，由双方按照公平原则分担。法律另有规定的，适用其规定。

第二十一条　出租人出卖租赁房屋未在合理期限内通知承租人或者存在其他侵害承租人优先购买权情形，承租人请求出租人承担赔偿责任的，人民法院应予支持。但请求确认出租人与第三人签订的房屋买卖合同无效的，人民法院不予支持。

100 因某一用户所有的电力设备故障导致同一电力线路上其他用户用电受影响而停产，供电企业被要求赔偿损失时，应如何处理？

问题描述 因某一用户所有的电力设备故障导致同一电力线路（或同母线线路）上其他用户用电受影响而停产，其他用户认为供电企业监管不到位，要求赔偿损失，供电企业该如何维护自身合法权益？

法律解析 用户设备故障导致同一电力线路上其他用户受影响停产，受停电影响的用户有权请求赔偿。至于其他用户认为供电企业监管不到位，此种主张过于抽象，因供电企业与用户是平等主体之间的供用电合同关系，而非电力管理部门，这种对电力使用过程疏于监管的主张一般是难以成立的。

根据《中华人民共和国合同法》第一百八十一条的规定，在电力线路因第三人的侵权行为造成停电的情形下，供电企业的义务是及时抢修，只有在未及时抢修造成用户损失的，才承担违约责任。也就是说，该情形下《供用电合同》项下供电企业的合同义务是行为义务，而非结果义务，不应将任何情形下的停电都认定为供电企业对《供用电合同》义务的违反。《中华人民共和国电力法》第六十条第三款规定："因用户或者第三人的过错给电力企业或者其他用户造成损害的，该用户或者第三人应当依法承担赔偿责任。"《中华人民共和国侵权责任法》第二十八条规定："损害是因第三人造成的，第三人应当承担侵权责任。"所以，其他用户的损失应当由电力设备故障造成停电的用户承担。

相关法律条文

《中华人民共和国合同法》

第一百二十一条 当事人一方因第三人的原因造成违约的，应当向对方承担违约责任。当事人一方和第三人之间的纠纷，依照法律规定或者按照约定解决。

第一百八十一条 因自然灾害等原因断电，供电人应当按照国家有关规定及时抢修。未及时抢修，造成用电人损失的，应当承担损害赔偿责任。

《中华人民共和国侵权责任法》

第三条 被侵权人有权请求侵权人承担侵权责任。

第二十八条 损害是因第三人造成的，第三人应当承担侵权责任。

《中华人民共和国电力法》

第二十八条 供电企业应当保证供给用户的供电质量符合国家标准。对公用供电设施引起的供电质量问题，应当及时处理。

用户对供电质量有特殊要求的，供电企业应当根据其必要性和电网的可能，提供相应的电力。

第二十九条 供电企业在发电、供电系统正常的情况下，应当连续向用户供电，不得中断。因供电设施检修、依法限电或者用户违法用电等原因，需要中断供电时，供电企业应当按照国家有关规定事先通知用户。

用户对供电企业中断供电有异议的，可以向电力管理部门投诉；受理投诉的电力管理部门应当依法处理。

第五十九条 电力企业或者用户违反供用电合同，给对方造成损失的，应当依法承担赔偿责任。

电力企业违反本法第二十八条、第二十九条第一款的规定，未保证供电质量或者未事先通知用户中断供电，给用户造成损失的，应当依法承担赔偿责任。

第六十条 因电力运行事故给用户或者第三人造成损害的，电力企业应当依法承担赔偿责任。

电力运行事故由下列原因之一造成的，电力企业不承担赔偿责任：

（一）不可抗力；

（二）用户自身的过错。

因用户或者第三人的过错给电力企业或者其他用户造成损害的，该用户或者第三人应当依法承担赔偿责任。